本书获江苏高校优秀创新团队建设项目"地方政府与社会治理"
（项目编号：NH33710921）资助

公共管理研究基础理论：
阐释与应用

GONGGONG GUANLI YANJIU
JICHU LILUN:
CHANSHI YU YINGYONG

宋典 ／ 著

图书在版编目(CIP)数据

公共管理研究基础理论:阐释与应用/宋典著. --苏州:苏州大学出版社,2021.12
ISBN 978-7-5672-3747-6

Ⅰ.①公… Ⅱ.①宋… Ⅲ.①公共管理—研究 Ⅳ.①D035-0

中国版本图书馆 CIP 数据核字(2021)第 219517 号

书　　名	公共管理研究基础理论:阐释与应用
著　　者	宋　典
责任编辑	周建国
装帧设计	吴　钰
出版发行	苏州大学出版社(Soochow University Press)
社　　址	苏州市十梓街1号　邮编:215006
印　　装	苏州市古得堡数码印刷有限公司
网　　址	www.sudapress.com
邮　　箱	sdcbs@suda.edu.cn
邮购热线	0512-67480030
销售热线	0512-67481020
开　　本	700 mm×1 000 mm　1/16　印张:8　字数:146千
版　　次	2021年12月第1版
印　　次	2021年12月第1次印刷
书　　号	ISBN 978-7-5672-3747-6
定　　价	36.00元

凡购本社图书发现印装错误,请与本社联系调换。服务热线:0512-67481020

序 言

理论是公共管理研究的基石。理论宛如语言中的语法,它将表面零散的专业术语缀联起来,揭示公共管理的规律,为公共管理实践提供遵循指导。公共管理思想史的演变就是公共管理理论持续创新的过程。马克斯·韦伯的科层制理论不仅为公共管理的组织设计提供了指南,而且为公务员制度提供了思想渊源。新公共管理理论促使政府考虑依据效率优先的原则对公共管理流程进行再造,极大地提升了治理效率。不囿于传统的公共管理理论框架,治理理论重新界定了各方力量在社会治理中的角色,号召各方主体协同治理。这些理论创新持续推动着公共管理学科前进,不断完善公共管理理论体系。

理论的目的不仅是解释世界,更重要的是改变世界。对于公共管理专业的研究生而言,学习理论可以促使自己从万千复杂的管理实践中透析现象、剖析问题、辨析原因和概析对策,抓住问题的核心,提升自己从特殊、具体的表象中归纳、总结出一般规律,进而系统化解决问题的能力,为赓续的管理实践提供理论素养,为公共管理实践创新提供框架,推动公共管理实践创新。但在多年指导研究生学习的过程中,笔者发现部分研究生不仅不重视理论的学习,而且在学术论文写作过程中不会应用理论。部分研究生会关注、跟踪公共管理研究的热点问题,在学术论文写作时也会偶尔将热点专业术语加入其中,但往往问题和术语的表述比较零散,不成系统。部分研究生在毕业论文写作时,会用5%~10%的篇幅阐述论文的理论基础,但在后续论文写作过程中,很少用理论框架去分析问题和归纳原因,思维和框架杂乱,完全看不出理论的应用。统察其文,其理论"仿佛兮若轻云之蔽月,飘飘兮若流风之回雪"①。远而望之,黯若杂云障月波;迫而察之,霾若终风滞流水。理论就像一面装饰论文的金鹛鸪,明灭其中。很难将论文打造成具备"态浓意远淑且真,肌理细腻骨肉匀"②特征的文章。

学生不会应用理论的重要原因之一是他们掌握的多数是宏观理论,对中观和微观理论不甚重视。在概述论文基础时,多数学生会选择新公共管理理论、治理理论。这些理论是公共管理的基础理论,但这些理论偏重宏观,重于阐述公共管理应当坚持的总体理念和原则,往往比较抽象,很难给学生提供具体的指导。笔者始终认为,在宏观的公共管理理论之外,在公共管理教学过程中更应当向学生介绍公共管理领域中的部分中观和微观理论,为他们研究具体的问题提供详细的指导和完整的框架。为此,本书将重点介绍公共管理的部分中观和微观理论,期望能够为公共政策研究、公共管理领域主体的心理和行为特征研究提供理论铺垫。

选择介绍公共管理领域中的中观和微观理论,另外一个原因是笔者主要从事公共部门人力资源管理方面的研究,一方面关注人才政策的演变和扩散等问题,另一方面关注公务员(如行政审批局窗口工作人员)的情绪劳动、创新服务等问题。公共政策扩散理论、政策变迁理论、政策工具选择理论、政策执行模型为人才政策的研究提供了支持;资源保存理论、自我决定理论、计划行为理论和公共服务动机理论为公务员心理和行为的研究提供了支撑;行动者网络理论、代表性官僚制理论和技术接受模型是笔者近期在研究移动政务和营商环境政策时将要应用的理论。本书重点对这些理论的起源、理论的核心观点、理论的贡献和不足、理论应用的示例等方面进行介绍,通过对这些内容的研读,读者可以了解应用理论体系化地思考问题的过程,为其论文写作提供指导。

---

① 曹植:《洛神赋》.
② 杜甫:《丽人行》.

目 录

第一章 公共政策扩散理论 / 1
第一节 发轫:公共政策扩散理论的源起 / 1
第二节 内涵:政策扩散的概念 / 4
第三节 驱因:公共政策扩散的影响因素 / 9
第四节 媒介:公共政策扩散机制 / 10
第五节 图景:公共政策扩散理论模型 / 12
第六节 展望:政策扩散理论的未来发展 / 13

第二章 政策变迁理论 / 15
第一节 变化:政策变迁的核心内蕴 / 15
第二节 形态:政策变迁的多样呈现 / 16
第三节 追因:政策变迁的子理论 / 18
第四节 展望:从框架边界到理论整合 / 21

第三章 政策工具选择理论 / 23
第一节 手段:政策工具的内涵 / 23
第二节 范式:政策工具研究路径 / 25
第三节 理论:政策工具选择模型 / 27
第四节 环节:政策工具选择过程 / 29
第五节 展望:从工具到工具箱组合 / 32
第六节 示例:政策工具选择案例讲解 / 34

第四章 史密斯政策执行模型 / 38

- 第一节 发轫:Smith 模型的诞生与地位 / 38
- 第二节 变革:Smith 模型开发的视角 / 40
- 第三节 过程:Smith 模型的核心内容 / 41
- 第四节 要素:Smith 模型的构成解析 / 42
- 第五节 紧张:Smith 模型的问题指向 / 43
- 第六节 纾突:Smith 模型的应对策略 / 44
- 第七节 展望:Smith 模型的应用与发展 / 45

第五章 行动者网络理论 / 47

- 第一节 纲领:行动者网络理论的原则 / 47
- 第二节 对象:行动者网络理论的核心 / 48
- 第三节 转译:网络中行动者的策略 / 49
- 第四节 边界:行动者网络理论的思域 / 51
- 第五节 场景:行动者网络理论的应用 / 52
- 第六节 趋势:行动者网络理论的发展 / 54
- 第七节 反思:行动者网络理论的批判 / 55
- 第八节 启示:行动者网络理论的实践内涵 / 56

第六章 代表性官僚制理论 / 58

- 第一节 发轫:代表性官僚制理论的起源 / 58
- 第二节 发展:代表性官僚制理论的轨迹 / 59
- 第三节 内涵:代表性官僚制的定义 / 62
- 第四节 形态:代表性官僚制的类型 / 62
- 第五节 评述:代表性官僚制理论发展评价 / 64

第七章 资源保存理论 / 66

- 第一节 起源:资源保存理论的渊薮 / 66
- 第二节 资源:资源保存理论的根基 / 69
- 第三节 内核:资源保存理论的主要命题 / 70
- 第四节 展望:资源保存理论的批判与瞻望 / 72

- **第八章　自我决定理论:动机连续谱及其影响** / 75
  - 第一节　自我:自我决定理论的基础 / 76
  - 第二节　动机:自我决定理论的核心概念 / 78
  - 第三节　命题:自我决定理论的子理论 / 79
  - 第四节　结果:动机连续谱的影响 / 84
  - 第五节　瞻望:自我决定理论的应用与发展 / 86

- **第九章　计划行为理论** / 88
  - 第一节　发展:计划行为理论的形成 / 88
  - 第二节　框架:计划行为理论的核心观点 / 89
  - 第三节　操作:计划行为理论的应用流程 / 91
  - 第四节　领域:计划行为理论的应用范围 / 92
  - 第五节　评述:计划行为理论的不足与发展 / 94

- **第十章　公共服务动机:为人民服务的动机** / 96
  - 第一节　源起:公共服务动机理论产生的背景 / 96
  - 第二节　界定:公共服务动机的内涵 / 98
  - 第三节　测度:公共服务动机的结构与测量 / 100
  - 第四节　关联:公共服务动机的相关因素 / 102
  - 第五节　评述:公共服务动机研究的评价与展望 / 104

- **第十一章　技术接受模型** / 107
  - 第一节　TRA & TPB:技术接受模型的理论溯源 / 108
  - 第二节　发轫:技术接受模型的提出 / 109
  - 第三节　TAM2:技术接受模型的拓展 / 110
  - 第四节　UTAUT:整合型技术接受模型的创建 / 112
  - 第五节　瞻望:技术接受模型的应用与发展 / 116

- **后记** / 118

第一章 公共政策扩散理论

政策扩散是公共管理领域的经典议题,也是公共政策制定和管理的重要话题。政策扩散可以促进政府间的学习,提升政策制定的效率。随着全球化和公共管理数字化程度日益加深,某个国家或某个城市的公共政策往往会借助信息平台迅速传播到其他国家或城市。在新的情境下,公共政策的扩散现象逐渐呈现出一些独特的规律,公共政策的扩散范围变得更为广泛,扩散路径变得更为丰富。本章将对公共政策扩散的概念、发展历史、影响因素及模式等问题展开分析,并对公共政策扩散理论的未来研究方向进行展望。

第一节 发轫:公共政策扩散理论的源起

公共政策扩散理论源于 20 世纪 60 年代,20 世纪 60—70 年代属于该理论研究的起源期,在这段时间内,理论界主要关注公共政策扩散的内涵、扩散过程和扩散速度等问题。公共政策扩散理论起源于美国学者 Jack L. Walker 的研究,他发现美国早期的公共政策在各个州政府之间有着扩散现象,提出了政策扩散模型,并据此将政策创新界定为先前政府没有实施过的项目,即使这项政策在其他地区已经有很多政府实施过。政策扩散是关于政策或项目创新是如何由一个政府传播到另一个政府的研究。① 1973 年，Gary 对美国 1937—1965 年期间的法律政策扩散情况进行汇总分析研究后，构建了一个包含时间交互影响的序列政策扩散模型，是早期公共政策扩散研究的重要节点。② 在此期间，理论界还对政策扩散的影响因素进行了分析，认为媒介、区域、政策、经济、社会等因素会对政策扩散产生影响，在这个基础上，Adam J. Newmark 提出了组织扩散、地域扩散、内部扩散三种模型。在此阶段，理论界对政策扩散模型验证的方法还比较简单，组织扩散模型主要应用时间序列回归分析法，地域扩散模型多采用因子分析法，内部扩散模型主要采用横截面数据回归分析法。③ 这些方法主要分析的是各种因素对政策扩散的影响，所以也被称为单因素解释的定量分析方法。这些数据分析方法在当时都是比较先进的，但随着数据分析技术的演进，理论界发现这些方法还存在多重共线性等问题。同时，扩散是个二选变量，所以单纯地用回归分析方法很难避免数据正态分布的问题。虽然这些方法在应用过程中还存在一些缺陷，但它们为政策扩散的定量研究提供了方向。

经过理论界的深化拓展，在 20 世纪 80 年代至 21 世纪初，政策扩散理论研究走过了理论懵懂期，走出了研究方法比较单一的藩篱，打破了单纯探讨影响政策扩散因素的局面，开始关注各种政治体制之间政策扩散行为的动机，分析政策扩散的机制。政策扩散的单因素解释机制受到了越来越多的质疑，理论模型逐渐成熟。

在此期间，理论界对政策扩散理论开展了一系列的关键研究。Berry 和 Frances 就美国各个州之间的竞争对政府彩票政策扩散的影响进行了分析，他们认为各个州之间的税务收入是影响政府彩票政策扩散的关键因素，每个州都拟获得先行者的优势。同时，他们注意到因为彩票政策具有不道德的色彩，所以每个州在实施彩票政策时，都会粉饰自己的动机，将彩票政策的实施与增加教育投入、增加基础设施建设等举措挂钩。对于那些没有实施彩票政策的州而言，它们需要通过政策营销来促使立法部门决定实施彩

---

① Walker, J. L. The diffusion of innovations among the American states [J]. *The American Political Science Review*, 1969, 63(3):880 – 899.

② Gary, V. Innovation in the states: A diffusion study [J]. *The American Political Science Review*, 1973, 67(4):1174 – 1185.

③ Berry, F. S. Sizing up state policy innovation research [J]. *Policy Studies Journal*, 1994, 22(3):442 – 456.

票政策。为此,在送交立法部门审批前,它们会详细考查先行州的实践和效果,这些可以归纳为政策学习。所以,Berry 和 William 提出政策学习是公共政策扩散的主要渠道之一。①② Welch 和 Thompson 在对美国联邦政府资助项目进行研究时发现,在实施政策项目资助时,联邦政府会提出一些新的附加条件,比如项目承接方不能违反公平就业法,那么这些政策就会自上而下地被传递,逐渐被地方政府所采用,两位学者据此提出了垂直政策扩散理论范式。③ Berry 和 William 研究发现,20 世纪美国有多个州采纳了新的税法,他们验证了经济发展、财政健康、选举周期、政党控制和区域扩散对新税法政策扩散的影响。他们的研究表明,选举后的一段时间直至下一期选举之前,新税法政策被采纳的概率更高,财政危机也会促使地方州政府采纳新税法政策,邻近州相同税法的实施也会显著影响新税法政策的实施,而且会为政治人物提供一个挡箭牌,避免因为支持或实施新税法而增加政策成本。② 在这些研究的基础上,有学者归纳总结了政策扩散的机制,并对政策扩散的主体、内容、时间、地点、方式、动机等问题开展了系统化的讨论。④

在内容注意力转移之外,理论界创新了政策扩散理论数据验证分析方法,Berry 和 William 提出应用事件史分析(简称 EHA)来研究政策扩散和创新,EHA 模型成为分析政策扩散的经典工具,特别是离散时间 EHA 模型。⑤ EHA 模型成为研究政策扩散经典工具的原因是它主要分析的是二分型变量,考虑了事件发生的时间序列信息,可以用来分析导致事件发生的驱动因素。EHA 模型常用的估计方法是生存曲线(Kaplan-Meier 曲线),以估计事件的生存函数或发生概率,同时用比例风险模型(简称 Cox 模型)分析影响事件发生概率的因素。由于 EHA 模型是一种半参数估计模型,它可以较好地应对样本分布不确定性问题。

---

① Berry, F. S. Sizing up state policy innovation research [J]. *Policy Studies Journal*, 1994, 22(3):442–456.

② Berry, F. S. & William, D. Tax innovation in the states: Capitalizing on political opportunity [J]. *American Journal of Political Science*, 1992, 36(3):715–742.

③ Welch, S. & Thompson, K. The impact of federal incentives on state policy innovation [J]. *American Journal of Political Science*, 1980, 24(4):715–729.

④ Graham, E. R., Charles, R. S & Craig, V. The Diffusion of policy diffusion research in political science [J]. *British Journal of Political Science*, 2012, 43(3):673–701.

⑤ Berry, F. S. & William, D. State lottery adoptions as policy innovations: An event history analysis [J]. *American Political Science Review*, 1990, 84(2):395–415.

从 20 世纪 80 年代至 20 世纪末,尽管公共政策扩散理论研究取得了较大的进展,但也暴露了其自身的一些问题,比如政策扩散的定义、机制等问题没有被清晰地界定。为此,理论界对公共政策扩散理论继续进行了深入研究。自 2000 年以后,理论界对公共政策扩散过程中的政策工具扩散和政策扩散结果进行了重点探索。首先,这一时期学者们开始对政策扩散的机制进行整合研究。Wejnert 应用系统论对公共政策扩散进行了研究,认为存在一个政策扩散的环境,它是一个由政策本身、政策制定者与政策创新环境等组成的政策系统,公共政策扩散是这个系统的一个函数,他还创建了一个涵盖多个变量的政策扩散框架。① 继此,Heinze 对政策扩散研究的文献进行了综合归纳,将政策扩散机制分为两类:一类是指政府选择某种公共政策是基于工具理性的视角,将政策选择的目的分为规范、制度和构建性三类;另一类是指政策决策者是基于信仰、信念和条件的变化而选择了某种公共政策。② 在此基础上,他将政策扩散的机制概括为模仿、社会化、学习和外部性四类。由此,政策扩散机制成为政策扩散理论界关心的热点议题,学者对政策扩散机制进行了多层次的梳理和整合。在政策扩散机制研究过程中,事件史分析法也在应用过程中持续得到修正,从横截面数据逐渐走向面板数据,当前有学者还在考虑空间面板数据。该方法逐渐从时间生存分析走向空间生存分析,其定量研究在向更为严谨、精致化的方向发展。

第二节　内涵:政策扩散的概念

理论界对政策扩散的概念持多种见解。Walker、Gray、Karch(2007)等学者认为政策扩散是指一个新的制度被某个政府采纳,即使这个制度先前

---

① Wejnert, B. Response to Kurt Weyland's review of diffusion of democracy: The past and future of global democracy [J]. *Perspectives on Politics*, 2015,13(2):496.

② Heinze, T. Mechanism-based thinking on policy diffusion: a review of current approaches in political science[C]. *KFG Working Paper Series*, 2011(34).

被许多政府或部门所采纳。①②③ 这个概念存在界定比较狭窄的问题,它没有对政策扩散的过程、媒介、效果等问题进行说明。从这个角度来看,该概念界定的视角没有聚焦于政策自身的创造性特征,主要集中于政策扩散的过程上。与此相反,Rogers 提出政策扩散是政策创新随时间流逝通过某种媒介在社会系统内传播的过程。④ 这个概念比较宽泛,也可以称为广义的政策扩散概念。当前理论界对政策扩散的概念界定主要有以下典型表述(表1-1)。

表1-1 政策扩散相关概念综述

文献来源	概念表述
Walker(1969)①	不论政策时效和传播广度如何,只要对采纳它的政府来说是新的。
Lucas(1983)⑤	一项政策从一个部门或地区传播到另一个部门或地区,并被新政策主体采纳和推进的过程。
Charles & Ciaig (2012)⑥	一个政府受到其他政府影响,将外来的政策经验、信息与理念吸纳到本土政策的过程。
王浦劬、赖先进 (2013)⑦	政策扩散不仅包含政策转移、政策学习等有意识、有计划、有组织的公共空间现象,也包括自发的无意识、无组织的自然传播和扩散活动。

---

① Walker, J. L. The diffusion of innovations among the American states [J]. *The American Political Science Review*, 1969, 63(3):880 – 899.
② Gray, V. Innovation in the states: A diffusion study [J]. *The American Political Science Review*, 1973, 67(4):1174 – 1185.
③ Karch, Andrew. Democratic laboratories: Policy diffusion among the American states [M]. The University of Michigan Press, 2007:26.
④ Rogers, E. Diffusion of innovations [M]. New York: The Free Press, 1983:21.
⑤ Lucas, A. Public policy diffusion research: Integrating analytic paradigms [J]. *Science Communication*, 1983, 4(3):379 – 408.
⑥ Charles, R. S. & Ciaig, V. Policy diffusion: Seven lessons for scholars and practitioners [J]. *Public Administration Review*, 2012, 72(6):788 – 796.
⑦ 王浦劬,赖先进. 中国公共政策扩散的模式与机制分析[J]. 北京大学学报(哲学社会科学版), 2013, 50(6):14 – 23.

续表

文献来源	概念表述
Wejnert(2015)① Conti & Jodes(2017)②	政策在社会系统中传递、创新的过程。
朱旭峰,赵慧(2016)③	依托政府间关系的政策传递过程。

由表1-1可知,不同学者对政策扩散概念的研究侧重各有不同,但总体而言,都强调政策扩散涉及多个主体,是多个主体之间相互影响、相互作用的过程。因此,可将政策扩散概括为一项政策活动通过某一种或多种扩散路径组合,从一个政策主体传递到另一个政策主体,并被新的政策主体采纳和推行的过程。政策扩散的过程包括确认需求或问题、唤起注意力、充分关注、获得数据、试验和采纳等过程,学习是政策扩散和创新的促进因素④⑤⑥。

在概念争论的同时,理论界对政策扩散的过程特征进行了分析,主要从时间和空间两个维度展开探索。从时间维度出发,Rogers提出了S型曲线模型:在政策早期,采纳者数量较少,政策扩散的速度较慢;随着时间的演进,政策扩散的速度提升;之后,在某个时间点,政策扩散的速度开始急剧上升,随后达到饱和状态。有学者认为,从时间维度看,政策扩散整体上呈现"初期缓慢增长—中期平稳提升—后期渐缓趋平"的过程。⑦⑧ 随着公共政策扩散案例呈现出多样化的特征,部分学者发现政策扩散过程也会有"陡峭

---

① Wejnert, B. Response to Kurt Weyland's review of diffusion of democracy: The past and future of global democracy [J]. *Perspectives on Politics*, 2015, 13(2): 496.

② Conti, R. M. & Jodes, D K. Policy diffusion across disparate disciplines: Private and public sector dynamics affecting state level adoption of the ACA [J]. *Journal of Health Politics Policy and Law*, 2017, 42(2): 377-385.

③ 朱旭峰,赵慧.政府间关系视角下的社会政策扩散——以城市低保制度为例(1993—1999)[J].中国社会科学,2016(8):95-116,206.

④ Braun, Dietmar & Gilardi, Fabrizio. Taking "Galton's Problem" seriously: Towards a theory of policy diffusion [J]. *Journal of Theoretical Politics*, 2006, 18(3): 298-322.

⑤ Elkins, Z. & Simmons, B. On waves, clusters, and diffusion: A conceptual framework [J]. *Annals of the American Academy of Political and Social Science*, 2005: (1): 33-51.

⑥ Gilardi, Fabrizio. Transnational diffusion: Norms, ideas, and policies [M]. In *Handbook of International Relations*, W. Carlsnaes, T. Risse & B. A. Simmons(eds.). London: Sage, 2012.

⑦ 王法硕,张桓朋.重大公共危机事件背景下爆发式政策扩散研究——基于健康码省际扩散的事件史分析[J].电子政务,2021(1):21-31.

⑧ 杨志,魏姝.政府考察学习如何影响政策扩散?——以县级融媒体中心政策为例[J].公共行政评论,2020,13(5):160-180,209-210.

的 S 型曲线""R 型曲线""阶梯型曲线"等形态。

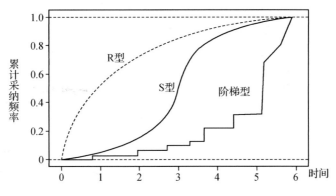

图 1-1　政策扩散 R 型、S 型、阶梯型曲线

从空间维度上讲,政策扩散的邻近效应明显呈现"中心—连续"趋势。空间维度的扩散有两种模式,一种是邻近模式,即政策扩散会受到周边邻居的影响;另一种是中心扩散模式,即在某个区域内可能存在几个中心城市,政策从某个特大城市先扩散到某个中心城市,再由中心城市辐射到相应的邻近城市,这样会呈现出空间不均衡状态。政策扩散理论的空间特征可以用空间计量经济学的软件进行计算和验证,见图 1-2。

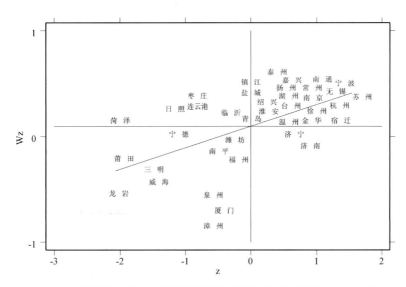

图 1-2　高技能人才的空间集聚性(莫兰散点图,莫兰指数 I=0.204)

注:图中 z 为趋平值,W 为空间权重矩阵,Wz 为空间权重矩阵与趋平值的乘积。

数据分析显示吉尔里指数 C 为 0.791，在 (0,1) 区间内且显著，成功验证了新增高技能人才数的空间集聚性。为了进一步分析高技能人才政策工具强度的扩散现象，笔者应用空间计量经济学模型对其进行了分析。为了分析新增高技能人才数和各市高技能人才政策工具强度的关系，笔者进行了空间实证分析检验，并进行了空间滞后模型(SLM)、空间误差模型(SEM)和空间杜宾模型(SDM)的检验，其中，以城市人口、产业结构为控制变量，结果对比如表 1-2 所示。

表 1-2　空间计量经济学模型分析

	lnht (model 1:回归模型)	lnht (model 2:空间滞后模型)	lnht (model 3:空间误差模型)	lnht (model 4:空间杜宾模型)
截距	-0.863	-5.751**	0.803	-49.999**
lnsub	0.432**	0.380***	0.349***	0.496***
lnpopu	1.117***	0.939***	0.906***	1.018***
indus	0.003	0.007	0.001	0.034
w_lnsub	\	\	\	1.380*
w_lnpopu	\	\	\	2.601
w_indus	\	\	\	0.371
空间系数	\	0.719***	0.785***	0.567*
Log likelihood	\	-41.930	-43.963	-39.033
R^2	0.428	0.993	0.991	0.995
Adj R^2	0.379	0.992	0.991	0.994
F	8.730	9.251	6.010	8.957

注：*$p<0.1$，**$p<.0.05$，***$p<0.01$，lnsub 为高技能人才政策工具强度，lnpopu 为城市人口，indus 为产业结构，lnht 为新增高技能人才数，下同。

由数据可知，空间滞后模型(SLM)、空间误差模型(SEM)和空间杜宾模型(SDM)均显著，且空间滞后模型的空间系数更大，空间效应更为显著。因此，可以得出：地区的新增高技能人才数会受到邻近地区的新增高技能人才数的影响，在当前高技能人才呈现出宏观上的空间集聚性，且高技能人才政策工具强度对邻近地区的空间溢出影响也得到了证实。空间误差模型表明在人才政策工具强度以外，还有其他正向影响高技能人才空间集聚的因素等待发掘。

第三节 驱因:公共政策扩散的影响因素

公共政策扩散受多种因素的影响,比如美国早期公共政策扩散的主要原因是地方政府间对税收的竞争。当前理论界主要从个体层面、组织层面、政策属性和环境因素四个维度对驱动公共政策扩散的因素进行了分析。

第一,个体层面。个体层面的因素主要从政策制定者和决策者的角度出发,探讨个体特征对公共政策扩散的影响,个体层面的影响因素主要包括个体特征、个人能力和个人行为三个方面。从个体特征来看,Arnold 认为创新精神会促使政策主体寻求突破,从而影响政策变革。① 从个人能力来看,能力强的政策主体有利于政策扩散。② 从个人行为来看,地方官员的流动可以促进政策扩散。③

第二,组织层面。组织层面的因素主要是从公共政策决策部门的角度出发,探讨公共部门的组织结构、文化和能力三个方面的因素对公共政策扩散的影响。在组织结构方面,在拥有专业智囊团、政府组织结构化、依赖性强、中央集权等情形下,公共政策扩散更容易。比如,在中央集权制下,垂直类型的公共政策扩散会非常迅速。国家间意识形态的相似性也能促进政策扩散。在组织能力方面,治理能力较高的地方政府,其学习能力更强,创新意愿也会更高,公共政策在这些区域内的扩散速度会较快。相反,处于偏僻地区、响应能力较弱的政府,其政策响应能力较差,政策扩散的速度会较慢。

第三,政策属性。政策属性的因素主要是从政策本身的特征出发,考虑政策扩散问题,依据其应对问题的复杂性、长远性、不确定性、涉及部门众

---

① Arnold, G. Street-level policy entrepreneurship[J]. Public Management Review, 2015,17(3):307-327.

② Arnold, G., Long, Le A. N. & Gottlieb, M. Social networks and policy entrepreneurship: How relationships shape municipal decision making about high-volume hydraulic fracturing[J]. Policy Studies Journal, 2017,45(3):414-441.

③ Zhu, X. F. & Zhang, Y. L. Political mobility and dynamic diffusion of innovation: The spread of municipal probusiness administrative reform in China[J]. Journal of Public Administration Research and Theory, 2016,26(3):535-551.

多、技术要求、财政投入等方面的因素,可将公共政策进行分类,越是复杂的公共政策,其扩散的速度会越慢,或者说其更多的是形式主义的扩散,而不是实质性的扩散。政策的相对优势性、兼容性、复杂性、可试性和可见性五个特征会对政策扩散产生影响。政策类型也会对政策扩散产生影响,经济政策的扩散速度会比社会政策的扩散速度要快。

第四,政策环境。如果将前三种影响因素作为决定公共政策扩散的内部因素,那么环境因素便是导致政策扩散的外部因素。外在因素主要有政治因素、经济水平、地方政府之间的竞争、人口结构、自然禀赋、社会文化氛围等,这些因素都有可能促使政策扩散。在内外两种作用力的共同影响下,政策主体通过网络展开利益博弈,进而影响政策扩散的速度和方向。

第四节 媒介:公共政策扩散机制

在政策扩散机制方面,Mintrom 指出公共政策扩散有四种机制:学习机制、竞争机制、模仿机制和自身发展原因的推进机制。① 也有学者借鉴新制度主义理论,认为公共政策扩散的机制主要有学习机制、竞争机制、强制机制和模仿机制。② 国内学者王浦劬等根据中国政府公共政策行动者的时间及特点,在四分法的基础上,增加了社会建构因素,针对中国公共政策提出公共政策扩散机制的五种类型,即学习机制、竞争机制、模仿机制、行政指令机制、社会建构机制。③

第一,学习机制。公共政策制度扩散理论将政府视为理性或有限理性的。理性是指政府在决策时会通过收集信息、获得数据、比较收益与成本等环节来进行方案抉择;有限理性意味着政府即使在信息不完全的情形下,也

---

① Mintrom, M. & Vergari, S. Policy networks and innovation diffusion: The case of state education reforms [J]. The Journal of Politics, 1998,60(1):126 – 148.
② Marsh, D. & Sharman, J.C. Policy diffusion and policy transfer [J]. Policy Studies, 2009,30(3):269 – 288.
③ Gary, Virginia. Innovation in the states: A diffusion study[J]. The American Political Science Review, 1973,67(4):1174 – 1185.

不会仅借助经验盲目决策,而是尽可能寻找满意的方案。[1] 据此,制度主义理论者认为学习是制度扩散和创新的促进因素。[2][3][4] 学习是指政府会分析并模仿具备较高效率和效益的外部制度与实践[4]。学习的对象往往是行政效率更高或声誉更佳的城市,一般是周边较大或特大的城市。在信息不确定性程度高的情境下,政府向大城市学习的概率会更高,以此解决本地相似的问题。[5] Lacy 和 Tandberg 的研究表明,美国各州之间存在较多的相互学习行为,且学习过程是动态的,在不同的时期学习模式还会有差异。[6] 政策学习有利于减少政策制定过程中的不确定性。政策学习活动主要包括三种类型:向发达国家开展政策学习、向发达地区开展政策学习和向政策领先地区开展政策学习。

第二,竞争机制。无论是在西方还是在我国国内,政府在地区或部门之间均存在竞争。一方面,按照蒂博特的地方政府竞争理论模型,居民会以"用脚投票"(即居民在不同地区之间的流动和迁徙)的方式来选择地方政府,这会促进地方政府在提供公共产品和服务上的充分竞争,客观上促进政策的竞争与扩散。所以,制度区域扩散模型认为政府间的竞争是影响制度扩散和创新的重要因素。竞争是指出于改善环境、增加财政收入和提升经济发展水平等考虑,政府间会进行竞赛,以充分获取先行者的优势,或者通过某种创新维持现有地位。[7] 城市竞争的对象往往是邻近城市,有研究表明,先前已采纳某项制度的邻近城市比例越高,城市采纳该制度的概率就会

---

[1] Weyland, K. Theories of policy diffusion: Lessons from Latin American pension reform [J]. *World Politics*, 2005,57(2):262-295.

[2] Braun, D. & Gilardi, F. Taking "Galton's Problem" seriously: Towards a theory of policy diffusion [J]. *Journal of Theoretical Politics*, 2006,18(3):298-322.

[3] Elkins, Z. & Simmons, B. On waves, clusters, and diffusion: A conceptual framework [J]. *Annals of the American Academy of Political and Social Science*, 2005(1):33-51.

[4] Rose, R. What is lesson-drawing? [J]. *Journal of Public Policy*, 1991,11(1):3-30.

[5] Gilardi, F. Who learns from what in policy diffusion processes? [J]. *American Journal of Political Science*, 2010,54(3):650-666.

[6] Lacy, T. A. & Tandberg, D. A. Rethinking policy diffusion: The interstate spread of "Finance Innovations" [J]. *Research in High Education*, 2014,55(7):627-649.

[7] Drezner, D. W. Globalization and policy convergence [J]. *International Studies Review*, 2001(1):53-78.

越高。① Gribbin 和 Bean 曾对美国伊利诺伊州的博彩业制度扩散情况进行近距离考察,研究发现伊利诺伊州博彩业合法化的目的是增加更多的教育经费和减少非法赌博,但这两个目标并没有很好地实现,许多城市将博彩业合法化的目的是与芝加哥展开竞争。② 为此,部分学者构建了一个制度扩散的战略博弈模型,该模型指出制度扩散和创新会被邻近城市影响,与预期面临的竞争正相关。③ 有学者还提出了直接竞争的概念,它是指综合实力相近城市间的竞争,比如江苏省内南京和苏州的竞争、山东省内青岛与烟台的竞争。

第三,模仿机制。它是指政策制定者直接复制或简单套用其他地区的政策,属于"政策克隆"。政策模仿的原因有:一是政策模仿能够提升政策对象对政策的认同;二是模仿制定的公共政策因为已经有了成功的经验,更容易得到上级的认同和批准;三是政策模仿简单易操作,成本低,不确定性程度低,可有效减少政策执行过程中的失败风险和执行失败的主体责任归因风险。

第四,行政指令机制。这属于垂直扩散,是指政策扩散由于中央的统一领导和决策而发生,上级可以通过"红头文件"规定各区域实施某项政策,也可以通过规定某些具体的政策内容而促使政策扩散。

第五,社会建构机制。社会建构理论认为,公共管理和公共政策是社会建构的产物。同样,在社会建构主义者看来,政策扩散也是某些政策制定者开展政策学习和通过政策模仿获得社会认同的方式。

第五节　图景:公共政策扩散理论模型

在公共政策扩散动因、媒介等因素研究的基础上,理论界开发了用来帮

---

① Makse, T. & Volden, C. The role of policy attributes in the diffusion of innovations [J]. The Journal of Politics, 2011,73(1):108 – 124.
② Gribbin, D. W. & Bean, J. J. Adoption of state lotteries in the United States, with a closer look at Illinois [J]. The Independent Review, 2006(3):351 – 364.
③ Baybeck, B., Berry, W. D. & Siegel, D. A. A strategic theory of policy diffusion via intergovernmental competition [J]. The Journal of Politics, 2011,73(1):232 – 247.

助学者们更为全面地理解公共政策扩散规律的简洁模型,主要有全国互动模型、区域传播模型、领导-跟进模型、垂直影响模型等。

第一,全国互动模型(National Interaction Model)。它认为政府采纳新政策的概率与政府间的互动正相关。

第二,区域扩散模型(Regional Diffusion Model)。它认为政府采纳新政策的可能性受到邻近政府的影响。由于邻近区域、城市的政府之间信息交流频繁,因而政府更容易从邻近政府获得政策创新的信息,加上邻近区域、城市的政府在提供公共物品和服务中具有竞争关系,客观上推动了公共政策扩散。

第三,领导-跟进模型(Leader-Laggard Model)。它认为某些地方政府在采纳政策方面是领导者,进而再影响其他政府模仿学习。大多数学者认为这种领导是区域性的,许多地区或部门接受来自它们中的一个或多个先进地区或部门的指引。由此可见,这种模式假设各地区或部门之间通过相互的学习进行效仿,而不是迫于压力而展开竞争。

第四,垂直影响模型(Vertical Influence Model)。这种模式与领导-跟进模式的区别在于,虽然全国性政府也可能成为领导者,但是各地区政府受全国性政府的影响不只是因为政策学习,还可能是因为行政指令。

第六节　展望:政策扩散理论的未来发展

尽管人们对公共政策扩散理论的研究取得了很大的进展,但政策扩散理论仍然存在不足,未来的研究方向可以分为以下几个方面。

一是试点政策扩散。中国实行的公共政策往往是先行试点,然后总结成功经验,提炼归纳为试点模式,再由政府推动去扩散,其中垂直扩散的情形非常突出。不过,也可以看到,在中国,在某些公共政策试点的同时,尽管某些区域没有被纳入中央公共政策试点的范围,但某些地方政府也会推出自己的政策试点。这些地方政策试点与中央的公共政策试点并行实施,在后期的公共政策扩散时,地方试点和中央试点并立,都成为公共政策扩散的示范。但哪个影响力更大、哪个实质性的扩散更快等问题在公共政策扩研究中并没有丰富的研究，未来可以通过质性研究对此进行探讨。

二是创新后的再创新(re-innovation)问题。尽管自20世纪70年代以来，制度扩散过程中的再创新问题已引起部分学者的关注，比如有学者就指出社会学习会影响制度采纳，但不影响扩张或再创新。① 再创新问题成为制度扩散理论探讨的重点，但对再创新的过程和驱动因素的研究并不多。②③ 所以，未来研究既需要透视影响地方政府政策再创新的因素，也需要考虑"再创新"过程中的时滞问题，为制度扩散和创新理论的再创新问题研究提供实践证据与理论支撑。

三是政策扩散理论的区域问题。先前多数政策扩散和创新的研究以美国政府为对象，很少是基于其他国家的。④⑤ 相关研究表明，在中西方情境下影响政策扩散和创新的因素有差异，在西方研究中，周边竞争是促使政策扩散和创新的主要因素，但在中国情境下此效应并不显著，反而是直接竞争对政策扩散的作用更为显著。西方学者很少考虑城市级别对制度扩散和创新的影响⑥，但有研究表明，在中国，城市级别是影响制度扩散和创新的主要因素。这些研究均表明中国情境下的制度扩散、创新过程和影响因素有其独特性，须充分考虑中国的行政文化、行政体制、官员晋升等因素的影响。

四是政策扩散的概念问题。现有部分研究对政策扩散的内涵表述模糊，甚至将政策扩散、政策学习、政策转移等概念混淆使用，因此政策扩散的边界有待明确。同时，对政策采用二分法去衡量，在实证研究方面存在一定的问题。

---

① Boehmke, F. J. & Witmer, R. Disentangling diffusion: The effects of social learning and economic competition on state policy innovation and expansion [J]. *Political Research Quarterly*, 2004, 57 (1): 39 – 51.

② Walker, J. L. The diffusion of innovations among the American states [J]. *The American Political Science Review*, 1969, 63(3): 880 – 899.

③ Shipan, C. R. & Volden, C. The mechanisms of policy diffusion [J]. *American Journal of Political Science*, 2008, 52(4): 840 – 857.

④ Strebel, F. Inter-governmental institutions as promoters of energy policy diffusion in a federal setting [J]. *Energy Policy*, 2011, 39(1): 467 – 476.

⑤ Howlett, M. & Rayner, J. Third generation policy diffusion studies and the analysis of policy mixes: Two steps forward and one step back? [J]. *Journal of Comparative Policy Analysis*, 2008, 10(4): 385 – 402.

⑥ Obingera, H., Schmitta, C. & Starkea, P. Policy diffusion and policy transfer in comparative welfare state research [J]. *Social Policy & Administration*, 2013, 47(1): 111 – 129.

第二章 政策变迁理论

自从 Harold D. Lasswell 创建政策科学以来,理论界对政策的研究主要应用由 Garry D. Brewer 等人创建的创始、估计、选择、实施、评价和终止阶段的公共政策过程模型。政策过程模型具有线性和僵化性的思维特征。[①] 它没有考虑到政策实施过程中的动态性特征,即在执行过程中公共政策会在某种程度上发生持续渐进性的或突变式的变革,在政策目标、执行工具、执行保障等方面都有可能发生重大改变,并且会呈现一定的规律,这些问题就是政策变迁理论关注的核心议题。随着当今政府面临的外部环境越来越复杂,动态不确定程度逐渐增加,多数公共政策在执行过程中会发生变异,所以近年来公共政策变迁理论受到的关注程度越来越高,并成为西方政策研究领域中最重要的内容之一。[②]

第一节　变化:政策变迁的核心内蕴

变化与发展是永恒的规律。很少有公共政策始终停滞在原始的状态,政策的变化和发展也是公共政策领域内的常见现象,这些变化受到了多位学者的关注,他们从不同的角度对政策变迁进行了界定。Anderson(1979)从结果的视角对政策变迁进行了界定,他认为政策变迁是指以一个或多个

[①] 蔡守秋.环境政策学[M].北京:科学出版社,2009:49-51.
[②] 朱春奎.公共政策学[M].第1版.北京:清华大学出版社,2016:148.

政策取代现有的政策,包括政策的更新、补充与废止、修改等。① 基于政策变化的周期,Stewart 等学者对政策变迁进行了界定,他们认为政策变迁是政策过程周期中的一个环节,是指在政策评估之后对政策进行再设计的过程。② 持类似观点的国内学者有陈庆云等,他们也认为应将政策变迁置于政策制定的整体流程中进行审视,公共政策的调整、补充、终止都是政策变迁的体现。③ 部分学者则从制度环境变化、政策供需的角度阐释了政策变迁,他们认为政策变迁是因为公共政策外部环境的构成要素、政策目标主体的需求、政策主体的供给能力发生改变,进而修改政策的目标、内容等方面的过程。④ 还有学者从更为广泛的视角对政策变迁进行了界定,认为政策制定者的动机变化也属于政策变迁,当然这个动机要体现在公共政策文本当中。

概括而言,政策变迁即指由于制度环境、社会环境、执政者动机等方面的变化而产生的既有政策目标、重点内容、范围的变动与演进,其中也包括政策执行过程中具体手段和工具、涉及对象的变动。政策变迁的具体形式有现行政策的渐进改变、特定领域内新政策法规的发布、政治变动后重大政策变动等。从研究的角度来看,对政策变迁的研究既应当涉及政策变迁的最终结果,也应当对其变迁的具体过程进行剖析探究,且研究政策变迁必须注重两个基本问题——政策变迁的动因和政策变迁的取向。

第二节　形态:政策变迁的多样呈现

世界是多样的,政策变迁的形式也呈现出纷繁复杂的形态。依据不同的政策变迁考察视角,政策变迁的主要形态有以下几种。

一是周期型政策变迁与锯齿型政策变迁。周期型政策变迁是指政策变

---

① Anderson, James E. *Public Policy-Making* [M]. Florida: Holt, Rinehart and Winston, 1979.
② Stewart, Joseph Jr., Hedge, David M. & Lester, James P. *Public Policy: An Evolutionary Approach* [M]. Stamford: Cengage Learning, 2007.
③ 陈庆云. 公共政策分析[M]. 北京:北京大学出版社,2006:150 – 157.
④ 陈潭. 公共政策变迁的理论命题及其阐释[J]. 中国软科学,2004(12):10 – 17.

迁在一定周期内会呈现交叉变化的规律,从事此方面研究的主要是Schlesinger。① 他发现美国的公共政策演进存在着保守主义和自由主义交替演变的规律,而且其交替大约是以30年为一个演变周期,从20世纪30年代至90年代,这个规律多次呈现。锯齿型政策变迁是指公共政策会存在一种随机变化的模式,经常会出现刺激与反应交替作用的情形,这种模式存在的原因是政策受众经常会发生变化,并且受众会对政策产生反作用。比如,某一段时间内,某项政策特别有利于某个群体,在该政策施行一段时间后,在另外一个群体的刺激下,该政策开始倾向于另外一个群体。当然,周期型政策变迁和锯齿型政策变迁都是从政策特性、受众对象和时间来考虑的,往往是从整体上把握政策演变的类型,考察其时间变化趋势(图2-1)。

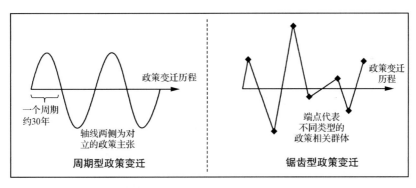

图2-1　周期型政策变迁与锯齿型政策变迁的对比示意图

二是常规政策变迁与范式政策变迁。常规政策变迁是指政策理念、目标和路径在变迁前后保持了较高的连续性。② 在管理实践过程中,人们发现有很多公共政策一直保持着长时间的延续性,如中国的义务教育政策,尽管每隔一段时间就会做适当的修改,但可以发现总体目标一直保持着高度的连贯性。当然在这个过程中政策工具会有适当的调整。范式政策变迁是指政策变化过程中出现拐点,旧政策出现中断或飞跃的情况,政策目标、工具、实现路径均有可能发生重大变革,甚至出现先前的公共政策被终止或中断

---

① Schlesinger, A. M. *The Cycles of American History* [M]. Boston: Houghton Mifflin Company. 1986.

② 陈振明.公共政策学——政策分析的理论、方法和技术[M].北京:中国人民大学出版社,2004:339.

的情形。① 范式政策变迁的说法主要源于托马斯·库恩的范式之说,他认为每一种范式都有一套核心的理念、术语、假设、观点等,它们的组合比较稳定,会在某个时期内占据主流地位,但在外部因素的刺激下,这个范式可能会发生重大改变,并且替代先前的范式。② 范式政策变迁往往意味着政策工具设置、政策目标、政策风格等都会发生重大变化。

第三节　追因:政策变迁的子理论

政策变迁既有外部因素的推动,也有内部发展的原因。目前用于理解和阐释政策变迁内在逻辑的理论主要有三类:倡导联盟框架理论、多源流理论和间断-平衡理论。这三类理论是学界研究政策变迁过程中逐渐形成的主流理论,本章将重点讲解多源流理论。

一是倡导联盟框架理论。倡导联盟框架理论的建立以保罗·A.萨巴蒂尔发表于1988年的《政策变迁的倡导联盟理论与政策学习的作用》一文为标志。在后续众多学者的补充完善后,倡导联盟框架理论已形成了一个相对成熟的体系框架,包含了政策子系统、倡导联盟、政策信念体系、政策学习等核心要素。③ 倡导联盟框架理论认为政策变迁的原因包括经济社会条件的变化、民意与公共舆论的转变、执政者的更迭、不同倡导联盟间的互动等④,也可以将这些原因归结为政策子系统内不同联盟间的互动及稳定的系统要素的影响(比如社会文化对各政策子系统的约束)和政策子系统外部事件(比如经济社会条件的变化)的影响。

二是多源流理论。多源流理论是约翰·W.金登于1995年首次提出的

---

① Hall, P. A. Policy paradigms, social iearning, and the state: The case of economic policy making in Britain [J]. Comparative Politics, 1993, 25(3):275-296.
② 托马斯·库恩. 科学革命的结构[M]. 金吾伦,胡新和,译. 第4版. 北京:北京大学出版社,2012.
③ 保罗·A.萨巴蒂尔,詹金斯·史密斯. 政策变迁与学习:一种倡议联盟途径[M]. 邓征,译. 北京:北京大学出版社,2011:46-57.
④ 彭爽. 倡导联盟理论视角下我国生育政策变迁研究[D]. 昆明:云南师范大学,2015:13-16.

理论,包含了问题源流、政策源流、政治源流、政策之窗等核心要素,政策变迁是在这些要素耦合下发生的。多源流理论作为研究政策变迁的代表性理论,注重对政策变迁过程中具体影响要素、变迁方式、政策"输入""输出"过程的探析,自2004年丁煌等学者翻译引入金登的原著之后,国内的政策研究广泛参考多源流理论。金登认为政策变迁主要是问题源流、政策源流和政治源流三大因素共同作用的结果。尽管三个源流之间存在着内在联系,但它们又相互独立。三大源流的融汇将使公共问题引起政策制定者注意的可能性大大提高,它们融汇的时机就是"政策之窗"开启之时——在这样的时点,三大源流汇合到一起,社会问题将会被正式设置为议程。① 多源流理论中的核心要素如图2-2所示。

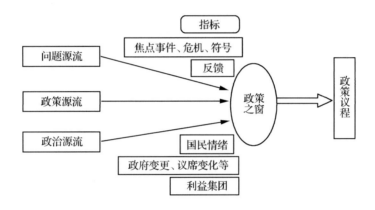

图 2-2　多源流理论中的核心要素示意图

核心要素之一是问题源流。问题源流是指社会现实中会出现的各种社会问题。这些社会问题常常和一种危机或灾害事件联系在一起。但并不是每一个社会问题都有可能被提上政策议程,能否引起决策者的关注主要取决于某个问题本身的特点。这些问题往往预示着系统的内在转变,而非某种孤立的偶然事件,它们会被以正式报告的形式或经非正式的渠道反馈给政策制定者,最终引起政策制定者的关注。

核心要素之二是政策源流。政策源流是指政策的来源,包括政策共同体(communities)中存在的各种思想,它们可能是模糊的建议,也可能是明确

---

① 约翰・W.金登. 议程、备选方案与公共政策[M].丁煌,方兴,译.第2版.北京:中国人民大学出版社,2004:247-259.

的政策建议,进而产生了政策备选方案(alternative)。政策思想在共同体中产生的过程类似于自然界的竞争选择过程。政策建议在政策共同体中能否"幸存"下来往往会受技术可行性、价值性、可接受性等因素的影响。

核心要素之三是政治源流。政治源流主要与社会情绪、政党分布等因素相关,有其自身的特性,其流动规则是独特的,是与问题源流、政策源流不同的。其中一个重要因素是压力集团的行为。压力集团具有普遍的组织性,其成员因共同的利益而集合在一起。压力集团会为争取本集团成员的利益而活动,可以给政策制定者造成很大压力,从而影响政府的决策。政府的变更、议席的变化往往意味着政策风向标的变化。首先是关键人事的调整,其次是管理权限的变化。

核心要素之四是政策之窗。问题或政治本身就可以进入政府议程,随着问题源流、政策源流、政治源流三个源流汇合,政策进入决策议程的概率会明显增加。三大源流融汇的时机窗口即"政策之窗",这是特定的议程被正式提出的关键时点。许多政策之窗的周期性是显而易见的,如与政党的换届期契合。有时伴随着特定议程的政策之窗的打开,还会发生政策外溢(spillover)的现象,即政策从一个领域进入另外一个领域。

三是间断-平衡理论。间断-平衡理论是一种借鉴生物进化理论的政策变迁分析理论。该理论认为,政策变迁正如生物进化一样,并非严格按量变和质变的阶段发生,而是一个量变和质变交错进行的过程。间断-平衡理论认为政策的变迁在总体上会呈现稳步推进和渐进主义的特点,但也会出现偶发的重大变迁。① 政策的出台和演进会根据情境条件,出现间歇的"爆发"点,整体变动过程会呈现间歇性的"震荡"表现,最终呈现"平衡—间断—新平衡"的演进规律。龙立军结合中国实际情境,依托间断-平衡理论对少数民族教育政策等公共政策进行了研究,并提出了适合中国情境的修正后的间断-平衡模型。② 学界认为,间断-平衡理论适用于研究演进过程兼具渐进性和突变性特点的政策。

---

① 邝艳华. 公共预算决策理论述评:理性主义、渐进主义和间断均衡[J]. 公共行政评论,2011,4(4):145-162.

② 龙立军. 间断平衡理论视角下70年中国少数民族教育政策变迁分析[J]. 云南民族大学学报(哲学社会科学版),2020,37(1):22-31.

第四节 展望:从框架边界到理论整合

政策变迁理论的相关研究已经从国外的理论介绍阶段发展到中国情境化下理论的应用和深化阶段,未来政策变迁理论的研究方向有以下三个。

一、政策变迁的研究路径有待拓展和整合

当前,政策变迁的研究主要形成了四种路径:政治过程和决策路径、精英主义和新马克思主义路径、意识与文化路径、国家中心路径。[①] 每一种研究路径均有其侧重点。第一种路径着眼于政策议程、政策制定者等因素在政策变迁过程中的作用。第二种路径主要研究政治博弈、阶级斗争等因素在政策变迁过程中的作用。第三种路径,顾名思义,聚焦于文化和意识形态对政策变迁的影响。第四种路径则主要关注国家政治权力结构等因素对政策变迁的影响。这四种研究路径各具特色,但都存在普适性不足的问题,有待未来继续深化完善。同时,这四种路径的研究具有类似的内容,都强调某类因素对政策变迁的影响,未来理论界可以加强对这四种研究路径的整合探讨,力争开发出一个涵盖四种路径的通用研究框架。

二、政策变迁的研究方法有待深化

从有关政策变迁理论的研究文献来看,当前多数政策变迁的研究方法仍然停留在质性研究阶段。质性研究为政策变迁理论的发展提供了依据,但它的主观性往往比较强。未来政策变迁的研究方法将向质性研究与定量研究相结合的方向演变,应当更多地采用综合研究的方法,这样才能更好地提升政策变迁研究的科学性。比如,当前应用多源流理论展开政策变迁的研究,多数采用的是案例分析的方法,通过访谈分析剖析政治源流、政策窗口等因素对政策变迁的影响。也有部分研究采用政策文本计量的方法,利

---

① Wilson, C. A. Policy regimes and policy change [J]. *Journal of Public Policy*, 2000, 20(3): 247–274.

用软件对政策目标、政策工具等变量进行编码分析,研究的科学性和规范性得到极大提升。可以说,政策变迁研究的定量化趋势逐渐加强,未来研究者们可能会应用更多的计量经济学方法、机器学习的方法对政策变迁的过程展开分析,以更好地描述政策变迁的规律。例如,未来可以应用时间序列分析、门槛回归分析的方法去剖析政策变迁的时空规律,也可以应用深度学习的方法去分析政策变迁的类型。

三、政策变迁的研究内容有待中国化

到目前为止,政策变迁的理论多数源于西方国家,而中国情境下的政策变迁有其独特性。陈振明指出,从宏观上来说,自中华人民共和国成立以来,中国的政策范式分为两个阶段,两个阶段在政策目标、政策工具、政策话语等方面存在巨大差异,其间发生了政策范式变化。① 这个政策范式的变化与美国的政策范式变化过程有较大区别。另外,在中国情境下,相关研究表明,中央层面的政策对地方政府的政策有重大影响。例如,中央层面的人才政策对地方人才政策有巨大影响,地方人才政策的试点和创新也会对中央人才政策产生影响,两者之间互相影响。这可以为研究政策变迁多源流理论提供新的视野,即摆脱单向影响的角度,采用递归传递、相互传导的视角去分析政策变迁的影响因素和过程。这样的研究可以帮助我们科学掌握中国情境下的政策变迁规律与理论,从而更全面地理解政策变迁过程中各个因素发挥作用的机制。

---

① 陈振明.政策科学教程[M].北京:科学出版社,2015:237.

第三章 政策工具选择理论

政策工具是政府推行行政的主要手段,公共政策执行就是政府通过设计、配置和运用各种政策工具实现目标的过程,公共政策由理念变为现实必须依靠各种政策工具。政策工具的较早论述可以追溯至1953年罗伯特·A.达尔和查尔斯·E.林德布洛姆在《政治、经济和福利》一书中的阐释。在后来的研究发展历程中,越来越多的学者开始对政策工具的内涵、分类、选择等问题展开研究。自20世纪70年代末以来,政策工具研究在西方政策科学学界引发了关注热潮。20世纪90年代,政策工具已成为西方政策科学研究的一个焦点。

第一节 手段:政策工具的内涵

休斯认为,政策工具是政府的行为方式,是通过某种途径调节政府行为的机制。① Salamon将政府工具界定为一种可辨认的通过集体行动致力于解决公共问题的方法或途径,它具有一些共同的属性,有自身的行动结构,是一种制度化的行动模式,且政策工具往往是一种集体行动,而不是单纯的个人行动,目的是解决公共和社会问题。② 从本质上讲,政策工具是实现某

---

① 欧文·E.休斯.公共管理导论[M].第2版.彭和平,周明德,译.北京:中国人民大学出版社,2001:99.

② Salamon, Lester M. *The Tools of Government Action: A Guide to the New Governance*[M]. New York: Oxford University Press, 2002:19.

一目标的具体手段,关注社会的治理,体现政策治理主体间的互动。

不同的学者基于不同的视角和层次对具体应用情境中的政策工具提出了各自的分类方式。荷兰经济学者科臣·E.S.较早地对政策工具做过一般性的列举分类,共列出64种政策工具;林德布洛姆等人将政策工具分为规制性和非规制性两类;萨拉蒙在他们的基础上取得了进展,增加了开支性工具、非开支性工具两类;萨瓦斯根据服务的生产者、安排者、消费者关系将政策工具分为10种类型①;豪利特等人则根据国家的干预程度强弱将政策工具划分为10种类型,并将它们归纳为强制性工具、志愿性工具、混合性工具三类②;休斯在其著作《公共管理导论》一书中将政策工具划分为供应、补贴、生产、管制四类,这种分类偏向于经济生产视角,相对忽视了社会化的政策手段③;国内学者陈振明根据现实使用状况的不同提出将政策工具(在其著作中与"政府工具"相互通用)主要分为市场化工具、工商管理技术、社会化手段这基本的三类④;陶学荣则采用了更细分的维度,将政策工具划分成经济性工具、行政性工具、管理性工具、政治性工具和社会性工具这五类⑤;朱春奎则在豪利特研究的基础上深化了分类维度,增添了命令型和权威型工具、契约型和诱导型工具这样的次级分类⑥。类似这样的细化分类虽较为详尽,但也存在过于复杂的问题。

综合学界先前对政策工具的分析来看,一些分类方法比较偏重经济金融财政视角,一些分类方法是对过往相对经典的分类体系的细化。当前国内陈振明的政策工具分类法(市场化工具、工商管理技术、社会化手段)和国外豪利特的分类体系(强制性工具、志愿性工具、混合性工具,加上后来学者补充的命令型工具、权威型工具等)较受推崇,也较多地在多领域研究中被使用。此处以豪利特的经典分类法进行重点阐释,即把政策工具分为强制

---

① E.S.萨瓦斯.民营化与公私部门的伙伴关系[M].周志忍,等译.北京:中国人民大学出版社,2002:69.
② 迈克尔·豪利特,M.拉米什.公共政策研究:政策循环与政策子系统[M].庞诗,等译.北京:生活·读书·新知三联书店,2006:144 – 146.
③ 欧文·E.休斯.公共管理导论[M].2版.彭和平,周明德,译.北京:中国人民大学出版社,2001:98 – 99.
④ 陈振明.公共管理学[M].北京:中国人民大学出版社,2005:506 – 526.
⑤ 陶学荣.公共政策概论[M].南昌:江西人民出版社,2007.
⑥ 朱春奎.政策网络与政策工具:理论基础与中国实践[M].上海:复旦大学出版社,2011:134 – 136.

性工具、志愿性工具、混合性工具。豪利特划分的这三类工具以政府直接参与程度的高低作为划分的依据。其中,强制性工具以政府权威为资源,特性一般表现为规范和有保障,有较强的回应性,包括法律法规、直接提供服务、财政拨款、特许经营、监督制裁等次级工具,但其中的管制色彩往往过浓,会导致政策缺乏灵活性;志愿性工具则是以志愿提供为主,属于一种补充性力量,用以弥补市场和政府力量的不足,包括动员志愿组织、家庭、社区的力量等,优点是无须政府花销,也往往受到广泛的社会支持;混合性工具则包括了信息和倡导(规劝)、补贴、产权拍卖、税收与使用者付费等,这类工具的特点是政府的介入程度介于以上两种类型的工具之间。这样的分类框架被广泛应用于涵盖公共部门、私营部门与社会组织的政策研究领域,具有较高的跨领域普适性,因此被众多学者引用和借鉴(图3-1)。

图 3-1　豪利特划分的三类型政策工具示意图①

第二节　范式:政策工具研究路径

当前理论界对政策工具的研究形成了四个主要流派:

(1)工具主义:也称古典途径。顾名思义,此流派主要从实践性的角度探讨政策工具的应用。它认为,如果某类政策工具在某种情境下被证明是有效的,能够帮助解决某个公共问题,而且在其他情境下,这种政策工具也会发挥类似的效果,那么理论界就需要研究此类政策工具的特征和属性。

---

① 迈克尔·豪利特,M.拉米什.公共政策研究:政策循环与政策子系统[M].庞诗,等译.北京:生活·读书·新知三联书店,2006:144-146.

在未来的实践过程中,可以考虑具有共同属性的政策工具,确保政策工具移植的效果,促进公共政策的执行。这个流派的核心思想是归纳总结政策工具的特征,用来确定政策工具选择和使用的原则。

(2) 过程主义:也称渐进主义学派。它认为工具主义学派研究的最大问题是过于理性。工具主义认为在工具属性确定的条件下,政策工具使用的效果可以被精确计算,所持的是理性主义精算观点;而过程主义认为政策工具的应用是复杂的,没有一种政策工具有普遍适用性,也没有一种方法能够事先完美地预测到政策工具的使用效果,政策工具的使用是一个逐渐完善并趋于理性的过程。

(3) 权变主义:也称工具-情境研究路径。权变主义与过程主义最大的区别在于权变主义认为政策工具的选择是一个情境易变的过程,而过程主义认为政策工具的选择是一个渐趋理性的过程。过程主义是从政策工具探索使用过程来分析问题的,而权变主义是从政策环境的角度来分析政策工具的选择问题。权变主义流派的思想渊源可以上溯到管理学的权变学派。权变学派认为实践中不存在一种最优的管理实践,管理实践需要与组织价值观、战略、结构、文化等因素匹配,只有相互匹配的管理实践才是最合适的。政策工具研究的权变主义观继承了此思想,认为政策工具的选择是一个权变的过程,在公共政策执行过程中,究竟使用何种政策工具,要结合具体环境的复杂性、问题的特征、政策工具执行人员的特征、政府的行事风格、公共政策执行人员的公共服务动机等特征,根据特定的政策目标和问题情境,从"工具箱"中选取最合适的政策工具。

(4) 建构主义:此流派源于建构主义哲学方法论,可以追溯到福柯等所属的哲学流派。该流派认为各种工具的发明使用都是为了创造一种符号,正如各种仪礼所发挥的作用一样。建构主义政策工具流派也认为政策工具的使用不能只强调客观性,还需要关注政策工具的主观性,要让社会公众体验到某种意义,更好地让社会公众认识到政府执行公共政策的目的和动机,并对他们的观念和行为形成影响,促进公共政策的执行。从这个角度来说,政策工具代表了一种被社会建构了的实践形式。①

---

① Nispen, F. K. M. V. & Peters B. G. *Public Policy Instruments*: *Evaluating the Tools of Public Administration* [M]. Cheltenham, UK: Edward Elgar, 1998:33-45.

第三节 理论：政策工具选择模型

当前，研究政策工具选择的途径共有五种，其各自关注的焦点如表3-1所示。

表3-1 政策工具选择的五种研究途径[①]

研究途径	关注焦点
传统工具"目的-工具"途径	政策工具本身
精致工具"背景-工具"途径	政策工具的背景环境因素
制度主义"制度-工具"途径	制度结构与风俗习惯
公共选择"偏好-工具"途径	政治家与官僚动机
政策网络"网络-工具"途径	网络结构特征

其中，第一种途径（即传统工具途径）的核心基础是理性；第二种途径（即精致工具途径）强调影响政策工具选择的背景环境要素；第三种途径（即制度主义途径）将政策工具的选择视为一种制度化的过程，认为政策工具的选择具有路径依赖性，会受到过去制度的影响；第四种途径（即公共选择途径）以"经济人"假设为基础；第五种途径（即政策网络途径）认为政策工具的选择是互动、博弈的结果，同一政策工具可能会对不同的利益团体产生不同甚至相反的结果。

在上述四个研究流派和五种研究途径的基础上，理论界对影响政府选择政策工具的因素进行了探讨，彼得斯、陈振明、张成福、杨代福等学者均对影响政策工具选择的因素阐述了自己的观点。其中，彼得斯经过对比较政治的文献进行整理，开发了影响政策工具选择的"5I"框架（表3-2），即政策工具选择由观念、制度、利益、个人、国际环境这五项因素决定，其针对广义环境（包括地理、历史、文化、意识形态环境）的影响因素考量也被路易斯、维

---

① 杨代福.政策工具选择研究：基于理性与政策网络的视角[M].北京：中国社会科学出版社，2016：67.

迪奇、范·尼斯潘等诸多学者认同。①

表3-2 影响政策工具选择的"5I"框架②

影响政策工具选择的因素	内涵
观念	社会观念与意识形态
制度	过往的历史背景、学习经验、专业训练等所形成的前期制度文化与基础
利益	政策制定者对自身利益的考量、相关参与者对特定团体或个人利益的考量(利益一般为影响政策工具选择的首要变量)
个人	与政策制定相关人员,包括国会议员、利益团体代表、政府官员、一般公民等
国际环境	国际环境中影响国内政治、意识形态的环境动因,可能来自其他国家、国际组织、国际协议等

国内学者陈振明认为影响政策工具选择的因素包括政策目标、政策工具自身的特性、环境、组织路径。③ 政策目标明确或恰当与否在很大程度上决定着政策工具选择的成败,它是政策工具选择的首要考虑因素。政策工具自身的特性包括了它们的优缺点、适用条件、技术要求、操作程序。环境是指政策工具实施的特定背景,包括政府管理机构和管理者、目标团体、其他相关的政策工具及其特性、宏观环境因素(政治局面、信息环境)等。组织路径包括组织既有的文化、运作机制及行为方式。政策工具本身就包括两个方面的属性:一方面是描述性的评估标准,另一方面是政策工具选择的价值判断维度。其中,评估标准包括有效性、效率、公平性、可管理性、合法性和政治可行性这六项细分标准;政策工具选择则包括强制性程度、直接性程度、自治性程度和可见性程度这四项细分维度。

近年来,理论界越来越多地认识到政策工具的选择和应用会受多种因素的制约,这突破了将政策工具的选择视为一个纯理性、线性、技术性操作的传统观点。学者们也越发意识到政策工具的选择是一个有争议的过程,

---

① Salamon, L. M. *The Tools of Government Action: A Guide to the New Governance* [M]. New York: Oxford University Press, 2002:553-559.
② Peters, B. Guy. "The Politics of Tool Choice". In Salamon, L. M. & Elliot, O. V. *The Tools of Government: An Introduction to the New Governance* [M]. New York: Oxford University Press, 2002: 552-564.
③ 陈振明等.政府工具导论[M].北京:北京大学出版社,2009.

它会受政治观念、机构、利益、个人和国际环境等诸多变量的影响。例如,张成福研究表明政策工具的选择会受政策目标、政策工具特征、应用背景、先前政策工具使用经验和意识形态这五类因素的影响,政治与社会情境约束均会影响政策工具的选择。[①] 还有学者认为政府资源决定政策工具选择,政府的中心性、权威、财富、组织等因素都对政策工具的选择有重大影响。当前,理论界均认识到政策工具的选择和实施是一个兼具理性与非理性的过程,形成了政策工具选择权变理论。政策工具权变理论认为政策工具应用的环境或情境非常重要,政治系统特征和面临的问题对政策工具的选择有重大影响,且这些影响会被主观认知所调节。政策工具的选择既要考虑国家政策体系、文化等宏观因素,又要考虑组织文化、组织拥有的资源等中观因素,还要考虑官员背景、专业性和认知等微观因素。政策工具权变理论因其简洁性,减少了政策工具选择的复杂性,得到了广泛的认同。

第四节　环节:政策工具选择过程

在实践操作过程中,政策工具选择主要有以下几个环节:

一、确定使用政策工具拟实现的目标,即政策工具希望达成的效果

政府部门使用何种政策工具,需要考虑政策实现的目标。政策目标大致可以分为经济类、民生类、政治类等类型,针对不同的目标使用的政策工具肯定会所有差异。比如,在新型冠状病毒感染疫情流行期间,为了提高社区的突发事件应急处理能力,政府可以采取动员社会参与、呼吁群众严格遵守防疫规定、给居民发放生活补助等混合型措施,因为抗击疫情是全社会的事件,如果只是采取给居民发放生活补助这种政策工具,而不能动员全员参与抗击疫情,那么政策目标的实现就会打折扣。

---

① 张成福.论政府治理工具及其选择[J].中国机构,2003(1):28-32.

二、列出潜在可选择的政策工具清单

正如政策工具选择权变模型所指出,政策工具的选择是一个要考虑复杂情境的过程。政策工具的过程主义流派也认为政策工具的选择是一个渐进性过程。政策决策者不是一个完全理性的人,不可能在事先就对拟实现的政策目标有清晰完整的理解,对于究竟采用何种政策工具来实现政策目标也不会了然于心。这就需要政府在选择政策工具之前,尽可能地发动专家,采用头脑风暴法,征求专家意见,依据政策工具的特性和分类,从政策工具箱中选择可能有助于实现政策目标的政策工具,列出政策工具清单,并且尽可能做到无遗漏,为后续阶段的决策奠定一个坚实的基础。

三、评估工具清单

在此阶段,政府部门需要确定政策工具选择的评判标准,进而综合分析每种政策工具的优势和不足。评判标准可从两个层面去考虑:一个是经济理性的标准,即应用数理分析的方法,比如运筹学、统计学、机器学习、投入产出模型等方法,选择各种指标去分析每种政策工具的投入产出比。这是一种理性、精确的方法。随着现代计算机技术的广泛应用、各种模拟仿真技术的出现,这种方法在政府部门政策工具的选择过程中使用得越来越多。比如,我国在统筹人口发展规划过程中,人口学家就尽可能地应用数理模型去预测各种生育政策可能导致的结果,分析政策配套措施对人口增长率的影响,尽可能地为政策决策提供精确的判断标准。再比如,在新型冠状病毒肺炎流行期间,为了刺激经济增长,政府可以加大基础投入,也可以直接给予居民现金补贴,还可以通过降低居民失业率来抵消疫情对经济的冲击。这些政策工具都是政府可选择的选项,每个国家在选择政策工具时,往往由经济学家首先对各种政策工具实施后的影响进行模拟计算,然后列举出各种政策工具的优势和不足,再供政府进行选择。但需要注意的是,这种以完全理性为判断标准的评价,在现实生活中往往是很难完全精确实现的。所以,很多时候政府在选择政策工具时,会尽可能依据自身满意的标准,采用有限理性的原则进行选择,这种情况在公共政策执行过程中更为常见。

四、比较与选择政策工具

在各种理性计算和综合权衡的基础上,政府部门选择合适的政策工具。在这个过程中有几点需要注意。一方面,政策工具的选择应遵循以下原则:(1)只有在充分考虑其他替代方案的前提下,政府才能正确确定哪种工具应当被选择;(2)政策工具必须与具体的目标相匹配,并没有一种政策工具可以适用于任何环境,政府需要针对不同的环境选择不同的政策工具;(3)政策工具的选择需要符合一定的伦理道德;(4)在选择政策工具时,不要片面追求有效性,还必须考虑节约成本。[①] 另一方面,政策工具的选择必须综合考虑多个方面:(1)每种政策工具都有其优缺点,而无绝对的高下之分;(2)保障公共利益是政策工具选择的基本出发点;(3)政策工具的选择应当是理性的;(4)在评估不同的政策工具时,评估标准也应当考虑多元维度;(5)在处理政策工具的利益相关方时,应考虑多元利益相关方;(6)不同政策工具的效能取决于各种因素,并不仅取决于政策工具本身;(7)当今时代,公共事务的复杂性使任何一种政策工具都不能完全独自解决某一公共问题。[②] 在当今多元化社会,特别需要注意的是,政府在对政策工具进行评价时的指标多元性和在做决策选择时的多元价值维度使政策工具的选择变得复杂,政策工具选择的争议在当今社会特别突出。

五、政策工具应用评价

政府在选择并施行政策工具后,还要运用权变主义和过程主义的观点,对政策工具使用的实际效果进行评价。在此过程中需要注意以下几个方面的问题。第一,政策工具使用效果的评价标准问题。这个标准可以从经济、社会、公平、效率等角度去设置,可以借鉴平衡计分卡的方法,从经济发展、社会发展、政府内部管理、学习与发展等维度综合评判,尽量避免使用单一指标来衡量政策工具的使用效果。当然,这个评判标准还要与政策目标进行对比,作为事后反馈控制的重要手段。第二,判断的权重问题。由于政策工具使用效果的评判指标众多,在评价过程中就会涉及各个指标的权重问

[①] Hood C. C. *The Tools of Government* [M]. London:Brain Behav Evol, 1983:123 – 135.
[②] 张成福,党秀云. 公共管理学[M]. 修订版. 北京:中国人民大学出版社,2007:62 – 78.

题。权重的设置可以采用层次分析法,尽可能征求专家意见,通过评价一致性判断,设置较为科学的权重,为综合评价提供科学的基础。当然,权重的设置也可以通过专家判断法来设置,但这种方法的主观性比较强,会受到质疑。第三,综合测算。综合测算出政策工具使用的实际效果,并与预期的目标进行对比,找出差距。

六、政策工具修正

政策工具使用效果评价本身不是目的,它的最终目的是为政策实施过程中出现的问题提供反馈和改进的窗口。在政策工具使用过程中会出现效果不佳等问题。比如,我国尽管施行了激励二孩生育的政策工具,但其实际效果并不太明显,为了进一步平衡人口增长,国家施行了更加符合人口发展需要的生育配套政策。又如,为了促进国内职业教育的发展,国家先后施行了职业教育补贴的政策,但发现政策的实施效果还有改进的空间,所以近年来国家推出了本科职业教育的政策工具,是对先前政策工具的一种修正和完善。

在上述政策工具的选择与评价过程中要始终注意以下问题:(1)应以公共利益为出发点,考虑多方利益相关者;(2)在进行工具评价时必须合乎理性(必须引入责任和宪政的理念,用制度来约束公职人员,维护公共利益);(3)避免公共选择的悲剧(此处的公共选择特指政府决策,例如由于政策信息的不完全性、民众的"短视效应"、政策执行障碍等原因导致政府在权衡选择政策工具和评价时决策失误)。

第五节　展望:从工具到工具箱组合

当前,学术界对政策工具的研究已取得较为丰硕的成果,比如对政策工具的内涵、分类等问题的研究已经非常深入,但仍然存在一些问题,它们应当是政策工具未来研究的重要方向。

一、对公共政策工具使用效果的评价仍然有进一步探讨的空间

绩效评价是管理过程中最大的难题,对政策工具使用效果的评价也是政策工具理论的重要难题。它的难点主要体现在绩效评价方法发展的问题。传统的绩效评价方法主要采用主观判断、使用前后指标比较的方法,但这些方法没有克服外生因素对政策工具实施效果的干扰问题。例如,我国近些年来有很多城市积极创建文明城市,有很多新闻报道城市文明对经济发展起到了促进作用,但这个促进作用的效果可能既有文明创建政策工具的影响,又有城市本身经济发展、人力资本等因素的影响,如何将外在因素的作用与政策工具的作用剥离开来,一直是理论界分析政策工具效果的重要难题。近期计量经济学的发展为政策工具使用效果的评估提供了新的思路,可以通过匹配、断点回归等方法更为准确地评判公共政策的实施效果,这应当是未来公共政策工具研究的重要方向。

二、对公共政策工具组合形态的研究仍然值得探索

有学者指出,与第一代政策工具理论相比,第二代政策工具理论更关注政策工具的最优或一致性组合,即政策工具箱,并指出组织往往依据问题的性质或环境理性选择政策工具箱。学者几乎均认为现今通过单一的政策工具应对公共问题已不再现实,政策工具的形态组合显得更有实效意义。受此观点的影响,可以将公共政策工具选择的权变模型再向前推进,走向形态主义(configuration)。管理学理论认为,在管理过程中,多种工具的不同组合可以获得同样的效果,不仅不存在一种最佳的政策工具,也不存在一种所谓最优政策工具组合的模式。举例来说,假设有五种政策工具,为了实现某种政策目标,既可以选择其中的两种工具组合,也可以选择其中的三种政策工具组合,尽管政策工具组合形式不同,但可以取得的效果是相似的。近期管理学领域广泛使用的组态数据分析方法可以为这方面的研究提供技术基础。

三、公共政策工具动态演进过程仍然有探索的空间

先前的政策工具理论多以静态的眼光看问题,比如在人才政策工具选择过程中,多数学者会将人才政策工具进行固化,认为某种政策工具一旦被

采用,就会被固定地使用。但在现实中,人们发现某些人才政策工具是不断演化的,比如早期的人才政策工具有提供安家费,但现在很多地方在引进人才时不再提供了;部分地区当初引进人才时会给人才提供健康医疗优惠,但现在所有地区都会将健康医疗、旅游、社会保障等政策工具组合使用,政策工具由单一形态走向组合形态。是什么力量驱使政策工具发生了演变?多数学者认为是政策目标。同时可以发现,政策工具呈现出从有形到无形、从投入小到投入大、从注重金钱奖励到注重精神奖励等特征,这说明政策工具在演变过程中也有其独特的规律,这个规律不是简单地用政策目标这个变量就可以解释的,构建一个政策工具动态演变规律的模型可以为这方面的研究提供新的视角。

第六节 示例:政策工具选择案例讲解

这一节,我们以曹钰华、袁勇志发表的学术论文《我国区域创新人才政策对比研究——基于政策工具和"系统失灵"视角的内容分析》[①]为例,讲讲政策工具选择。

一、相关研究背景与问题的提出

自2006年来,我国全面实施人才强国战略,创新人才的数量和质量都有了较大提升,但在"经济新常态"的情境之下,我国的区域创新人才政策在实施过程中也显现出一些问题。而人才政策的实施成效与政策工具和系统协作息息相关。因此,可基于政策工具和"系统失灵"的视角,对区域创新人才政策的现状进行分析评价,以便政策制定者在未来对政策做出优化,确保政策可以切实培养出国家发展所需要的创新型人才。该论文的研究者采用针对区域创新人才政策文本的内容分析法,选取国内在创新人才培养方面具有典型性的三座城市——深圳市、苏州市和沈阳市作为研究样本,通过对

---

① 曹钰华,袁勇志.我国区域创新人才政策对比研究——基于政策工具和"系统失灵"视角的内容分析[J].科技管理研究,2019,39(10):55-65.

三座城市的创新人才政策的政策工具、系统协同、实施成效的对比,开展对我国区域创新人才政策的深化研究。

二、区域创新人才政策的政策工具类型划分

基于政策工具视角对人才政策进行研究,首先必须确定政策工具的分类方式。研究者总结过往研究,指出前人学者对创新人才政策的政策工具研究中较有代表性的经典分类方法当属 Rothwell 和 Zegveld 的三类型基本政策工具划分法。[1] Rothwell 等将政策工具分为供给型、需求型和环境型这基本的三类:供给型工具是指政府对资金、人才、技术等要素的直接供给;需求型工具是指政府通过贸易管制、政府采购等手段,吸纳外部资源,发挥市场作用,推动创新发展;环境型工具是指政府通过改进金融税收制度、完善法规条文等手段优化促进创新人才发展的环境。这样的三类型分类方法兼顾了政策工具对政策目标的直接推动、拉动外部资源和间接通过环境助力的干预方式,同样也适用于对人才政策工具的研究。因此,研究者充分借鉴国外 Rothwell 等的政策工具划分方式,同时也借鉴了我国国内黄萃等借助此框架进行的政策文本内容分析研究[2],最终根据我国区域创新人才政策的现实情境,定义了区域创新人才政策中三类基本工具的细分维度。其中,我国区域创新人才政策的供给型维度共包含资金投入、基础设施、教育培训和公共服务这四项细分维度;需求型维度共包含政府采购、服务外包、贸易管制、设置海外机构这四项细分维度;环境型维度则包含目标规划、金融支持、税收优惠、法规管制、策略性措施这五项细分维度。这样的政策工具分类设定框架构成了对政策文本内容进行编码的基础,也是对现行政策规律特征进行评析的前提。

三、我国区域创新人才政策对比研究

基于对区域创新人才政策的政策工具基本类型分类框架,并结合"系统失灵"的研究视角(即关注系统内的机构组织因素、各单位的互动因素),研

---

[1] Rothwell, R. & Zegveld, W. Reindusdalization and Technology [M]. London: Logman Group Limited, 1985:83 – 104.
[2] 黄萃,苏竣,施丽萍,等. 政策工具视角的中国风能政策文本量化研究[J]. 科学学研究, 2011,29(6):876 – 882.

究者建立了针对我国区域创新人才政策进行对比研究的四维内容分析评价框架——包括以上所述的基本政策工具维度,以及与系统多样协作相关的人才多样性维度、机构多样性维度(创新人才来源机构多样性)和系统互动度维度(区域创新系统互动度)。

在基于政策工具和系统协作的视角研究对比深圳市、苏州市、沈阳市的区域创新人才政策现状的基础上,该论文的研究者还对比了这三座城市的创新人才发展与区域创新水平现状,以便探究区域创新人才政策的实际成效。在区域创新绩效方面,不论是从科技产出还是从经济活跃度的角度看,以上所提及的政策工具在丰富度与均衡度、人才多样性、机构多样性和系统互动度等方面的优异表现都切实为深圳市的创新绩效提供了充分的人才效能与创新产出,这在三座城市中也是成效最突出的。

苏州市颁布实施的区域创新人才政策在数量和丰富度上紧随深圳市之后,存在微弱的差距。在政策工具的均衡度方面,苏州市有较明显的欠缺,过于强调供给型工具。而在需求型工具和环境型工具方面,苏州市相对应用不足,环境型工具尤为缺失。此外,苏州市在人才多样性、机构多样性和系统互动度方面的政策应用情况也小幅度落后于深圳市。从实际效益来看,苏州市在创新人才的引进、培育、发展方面已然取得了不小的成效,但在区域创新绩效方面表现不如深圳市。

沈阳市在研究选取的时间段内创新人才政策的颁布数量较之深圳市和苏州市有明显的不足(对比前两座城市均不及其数量的一半),在基本政策工具的类型方面,需求型工具欠缺严重。此外,沈阳市在人才多样性、机构多样性和系统互动度方面的政策应用情况在三座城市中排名最末。最终体现在结果效益上,沈阳市的创新人才发展情况和区域创新绩效水平也相对最差。

四、研究结论

该研究通过基于政策工具和"系统失灵"的政策文本分析及政策成效数理分析,针对国内三个典型城市的区域人才政策进行对比研究,总结提炼得出:供给型工具能较直接地促进人才引进成效的提升,但"人才优势"转化为"创新优势"不能仅依赖单独类型工具的发力,还需要多类型政策工具的组合实施;人才多样性和机构多样性的相关政策将更直接地助力区域创新系统长期发挥效用。而针对这些基于政策工具文本分析得出的规律,研究者也提出了对应的政策优化建议,如:应当进一步提升区域创新人才政策的维度丰富性,综合运用各类政策工具——在运用供给型工具的同时兼顾需求型和环境型工具,发挥政策工具的"组合拳"作用;相对单一类型的单一主体的政策工具不足以使"人才优势"转化为"创新优势",需要兼顾系统协作视角,丰富人才多样性和人才来源机构的多样性,并提升系统内部各主体的互动度,由此形成"创新合力"。

第四章

史密斯政策执行模型

在公共政策执行议题成为理论界关注的热点问题以前,学术界一般会假设政策一旦设计好,就会得到完美的执行。但在政府部门运行过程中,很多公共政策得不到有效的执行,更谈不上实现政策设计的初衷,这是Thomas B. Smith 提出政策执行模型的背景。[①] Smith 认为,在很多情境下,政府往往会制定一个涉及面广、包含万千的理想化的公共政策,但公共政策制定出来之后,公共政策的执行会导致社会紧张(tension),紧张存在于理想化的政策、政策执行组织、目标群体和环境因素当中。在此基础上,他发展出了史密斯政策执行模型(简称 Smith 模型),开创了政策执行的过程模型,并对后续的政策执行模型产生了深远的影响。

第一节　发轫:Smith 模型的诞生与地位

20 世纪 70 年代以前,政策执行被认为是政策科学的一个缺失环节,政策科学领域中的执行"黑箱"长期没有被打开。20 世纪 70 年代以后,开启了政策执行研究的两位学者 Pressman 和 Wildaysky 认为,政策执行是一个演

---

① Smith, Thomas B. The policy implementation process [J]. *Policy Sciences*, 1973,4(2):197 - 209.

进过程,是政策目标与政策结果之间的一个过程①,且是一个动态的过程②。理论界对政策执行的概念取得了共同的认识,它是政策期望与政策结果之间所发生的活动③,是政策执行者通过建立组织机构,运用人力资源、资金资源,通过宣传、试点、监测等活动,从而实现既定目标的活动过程④。20 世纪七八十年代,西方国家掀起了"执行运动"的热潮,学者们从各种角度、各个方向开展了政策执行的理论研究。

在公共政策执行研究浪潮中,有学者总结出政策执行经历了三个阶段:第一个阶段是 1930 年到 1980 年的干涉主义阶段;第二个阶段是 1980 年至 1990 年的市场型与企业型政府阶段;第三个阶段是从 1990 年到当前,是新千年的实用主义阶段。⑤ 政策研究的理论范式经历了自上而下、自下而上和综合路径三种范式。其中自上而下的范式采用的理性模型的方法,Pressman 和 Wildayskyg 是其代表人物,整体而言,他们认为公共政策的制定和执行是相分离的,政策执行过程主要由技术性官僚去实施,执行者是中立客观的,认为政策执行研究主要是对那些影响目标实现的障碍进行思考。自下而上的范式的代表人物是 Lipsky,其代表理论是街头官僚理论。⑥ 此范式认为,有效的政策执行涉及的基层主体众多,政府及政府机构间的关系对公共政策执行有重要影响,政策网络的方法也由此衍生而来。综合路径范式整合了自上而下和自下而上两种研究视角,此范式以 Goggin 等人为代表。⑦ 此范式认为政策制定者和地方政府机构对公共政策执行都有非常重要的影响,但研究方法发生了重大变化,更为关注政府管理能力、地方政府配合、政策本身特征、环境等因素对政策执行的影响,且更为关注通过定量分析的方法去验证这些假设。

---

① Pressman, J. L. & Wildavsky, A. N. *Implementation* [M]. 2nd ed. Burkeley: University of California Press, 1979:XX – XII.
② 朱春奎.公共政策学[M].北京:清华大学出版社,2016:98.
③ Deleon, P. The missing link revisited: Contemporary implementation research [J]. *Policy Studies Review*, 1999,16(3/4).
④ 陈振明.政策科学教程[M].北京:科学出版社,2015:129.
⑤ 迈克·希尔,彼特·休普.执行公共政策[M].黄健荣,等译.北京:商务印书馆,2011:119.
⑥ Lipsky, M. *Street Level Bureaucracy: Dilemmas of the Individual in Public Service* [M]. New York: Russell Sage Foundation, 1980.
⑦ Goggin, M. L., Bowman, A. O. M., Lester, J. P., O'Tool, L. J. Jr. *Implementation Theory and Practice: Toward a Third Generation* [M]. New York: Harpor Collins,1990.

第二节 变革：Smith 模型开发的视角

Smith 认为政府制定公共政策的目的是引起社会或政策变革，为此，他认为可以从社会和政治变革的视角去开发一个公共政策执行过程的模型。政府设计新的公共政策，旧制度被废除，新的行动模式和制度被创造出来，进而会引起个体、团体或机构之间互动的变革。他认为由 Walter Buckley 创建的系统分析方法比较适合于分析社会系统内的变革。[1] Buckley 对系统规制中的两个方面进行了界定：第一个是形滞（Morphostasis），是指在复杂的系统-环境变革中，导致保留或维持先前给定形式、组织和状态的流程；第二个是形建（Morphogenesis），是指在复杂的系统-环境变革中，导致制定或变革先前给定形式、组织和状态的流程。其中，导致持续形建的内在动力是持续产生的社会紧张，紧张是这个系统内在本质的特征。产生紧张的原因可能是无知、误解或视角的不同，社会科学家必须认识到社会紧张的重要性。

Smith 进一步应用了 Zollschan 阐述的社会紧张导致社会变革的观点，认为合法模式（安排）和实际情形的不一致、预测和观测的不一致、期望目标和实际取得目标的不一致是导致社会变革的迫切要求。[2] 这个社会紧张表达出来后会导致行动，行动开展构成制度。表达是指社会紧张的迫切感通过某种方式被认知。这些表达在获得认可后就产生需求并向目标移动，即被称为行动。这些行动得到认可后会被固化形成新的制度，用以替代旧有制度，新的制度会对社会紧张产生回应。从紧张至制度之间的表达和行动被称为交易过程，同时紧张产生的过程是永无止境的，进而变革也是永无止境的。

---

[1] Buckley, Walter. *Sociology and Modern Systems Analysis* [M]. Englewood Cliffs, NJ: Prentice-Hall, 1976.

[2] Zollschan, George K. Working papers on the theory of institutionalization [A]. In Zollschan, George K. & Hirsch, Walter(eds). *Explorations in Social Change* [M]. Boston: Houghtyon Mifflin, 1967: 89.

第三节　过程：Smith 模型的核心内容

在三代公共政策执行范式中,自上而下的范式拉开了公共政策执行的帷幕,Smith 模型是第一代公共政策执行范式中较早的理论模型。它由 Smith 在《政策执行过程》一文中提出,首次提出影响政策执行的"四因素理论"。Smith 认为政策一旦制定就会得到执行这一假设不适用于现实情况,在立法通过和实际实施之间存在着一个特殊的政治舞台,对政策的执行有很大的影响。① 大多数发展中国家的政府倾向于制定广泛而全面的政策,而政府机构往往缺乏执行能力。利益集团、反对党以及受影响的个人和团体往往试图影响政策的执行,而不是政策的制定。据此,他认为影响政策执行过程的四大因素主要有:理想化的政策、执行机关、目标群体、政策环境。

图 4-1 所示的模型代表了政策实施过程的核心。在政策实施过程中,政策执行会使系统各组成部分之间和内部的相互作用产生矛盾与紧张,这种紧张会导致一种交易模式,该交易模式可能与政府制定者的期望匹配或不匹配。当然,这种交易模型也可能会凝练为制度,这种制度也会反馈给政策制定者和政策实施者,进而会支持或拒绝政策执行。

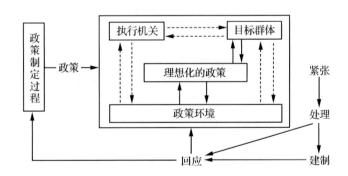

图 4-1　政策执行过程模型

---

① Scott, J. C. Corruption, machine politics, and political change[J]. *American Political Science Review*,1969(63):1142.

第四节　要素：Smith 模型的构成解析

在 Smith 模型中,政府政策被定义成政府为建立新的处理模式或建制,或者在旧建制中改变已建立的模式而采取的有意行动。在执行公共政策时,执行政策的人和受政策影响的人都会经历紧张与冲突。具体而言,政策执行的紧张涉及的主体包括以下四个方面。

一、理想化的政策

理想化的政策是指政府倾向于实施的正式的决策声明、法律或项目。它可以按照三种方法划分为不同的政策项目。第一,政策按本质不同可以分为复杂的政策和简单的政策。这种区别类似于广泛的、非渐进政策和小规模渐进政策。第二,政策可分为组织政策和非组织政策。组织政策需要修改或建立正式的组织,而非组织政策要求在正式的组织环境之外建立互动模式。第三,政策也可分为分配型政策、再分配型政策、管制型政策、自我管制型政策或象征型政策。而政策项目则可以从三个方面来分析,第一,政策的支持力度,即政府承诺执行该政策的程度。第二,政策的来源,即这项政策是必须满足社会的需要,还是在很少需要或支持的情况下制定的？第三,政策的实施范围,即政策的性质是广泛的,还是集中在一个狭窄的领域？实施范围是普遍的,还是有限的？

二、目标群体

目标群体被定义为那些被政策要求适应新的互动模式的人,他们是组织或团体中受政策影响最大的人。在此要考虑三个相关要素。第一,目标群体的组织化或建制化程度。第二,目标群体的领导。领导层可以支持或反对该政策,或者对该政策漠不关心。领导自身的个性对政策的实施也很重要。第三,目标群体之前的政策经验。这个团体过去是否受到政府政策的影响？他们的经验和对政府政策的反应怎样？他们对政策的态度是顺从的、反叛的,还是冷漠的？

三、执行组织

执行组织负责政策的实施。在大多数情况下，该组织是政府官方机构。在政策的执行过程中，有三个关键的变数需要考虑。第一，机构和人员。机构的稳定性和执行政策人员的资质对理解政策的实施很重要。第二，行政组织的领导力。这个变量，就像目标群体的领导力一样，指的是政策实施机构领导的风格和个性。第三，计划执行力和能力。执行组织的计划执行力和能力是指组织实施计划的强度和谨慎程度，以及组织满足计划实施目标的一般能力。

四、环境因素

环境因素是指能够影响政策执行的因素或被政策执行影响的因素。环境因素是具有限制性的，但是强制执行政策又必须在它的基础上实现。针对不同的政策，会影响其具体执行的文化、社会、政治和经济状况等环境因素可能会普遍存在。例如，对于有关地方自治的政策而言，村庄一级的基本文化和社会生活方式可能是一个巨大的环境限制。

第五节 紧张：Smith 模型的问题指向

理想化的政策、目标群体、执行组织和环境因素这四个组成部分之间和其各自内部都可能出现紧张关系。就拿执行机关与目标群体来说，它们之间可能会产生紧张关系，例如在城市市容市貌政策执行过程中，就会经常发生利益冲突。当然也有可能在执行机关内部产生紧张关系，比如在环境政策执行过程中，省级执行机构与市级执行机构之间往往会产生冲突。因此，在政策执行过程中，必须对社会紧张进行分析。Smith 指出存在十种类型的紧张关系，主要发生在三个层次（个人、团体和结构），具体类型如下：

类型 1：理想状态和实际情况之间的差异。类型 2：理想状态和感知到的情况之间的差异。在个人层面上，一个地区的管理者可能会认为村领导因无知而不愿改变已实行的政策，他希望的理想情况是村领导了解情况，并欢迎他们的村庄发生变化。类型3：理想状态和预期情况之间的差异。类型4：实际情况和感知到的情况之间的差异。例如，一个地区的领导人可能认为他所在地区的警察不公平地参与镇压，实际情况可能是警察以公正和克制的方式履行其职责。类型5：实际情况与预期的情况之间的差异。类型6：预期的情况和感知到的情况之间的差异。类型7：不同的理想状态之间的差异。类型8：不同的实际情况之间的差异。类型9：不同的感知到的情况之间的差异。类型10：不同的预期的情况之间的差异。如表4-1所示。

表4-1　政策执行的紧张关系类型

	理想	实际	感知	预期
理想	7	1	2	3
实际		8	4	5
感知			9	6
预期				10

这几种类型的紧张关系在个体、团体和结构层次上都很普遍，可能会发生并影响政策执行模型中的每一个环节。从目标群体角度来看，如果理想政策与目标群体有冲突，那么目标群体就会采取违反、拒绝、服从或规避的策略。

第六节　纾突：Smith 模型的应对策略

为了应对四个要素之间的紧张关系，Smith 提出了应对冲突的策略，将 Smith 模型的建立划分为三个阶段。

第一个阶段是建立过渡模式阶段。过渡模式是指未成形的互动模式，建构过渡模式旨在处理四个要素之间的紧张，但它还没有形成持久性的制度。在很多情况下，过渡型的政策成为一种选项，但政策的期望目标可能不会实现。

第二个阶段是制度化阶段。由于政策实施过程是一个持续的过程，因此很难确定互动模式何时（如果曾经有过的话）会固化为建制。建制化的确切程度很难确定,但有几项因素可以作为评估是否完成建制的参考,这些因素有:第一,该机构在其环境中生存的能力;第二,建制在多大程度上被周围的社会组成部分视为有价值的;第三,关系模式是否成为其他社会成分的规范。应当强调的是,政府为执行政策而建立行政机构或政治组织是一个简单的程序。在政策执行过程中,确定一项政策是否符合其目标,常用的方法是通过比较其创始者的"理想化"政策目标的运作来审查新建立的模式或建制。在考虑建制化程度时,必须考虑时间因素。与简单的渐进策略相比,复杂的非渐进策略可能需要更多的时间使模式建制化。虽然可能无法预测某些建制化进程需要多长时间,但在政策执行的结果给出结论之前,应留有足够的时间来形成明确的模式。

第三个阶段是反馈阶段。由于新的模式和新的机构的建立可能会产生紧张局势,从而导致系统内的进一步变化。在这方面,不能保证以前的建制状态会再次出现,也不能保证任何政策执行过程都会有显著的结果。新的紧张局势对政策执行所带来的新模式和建制可能是有利的,也可能是破坏性的。由于模型中设置了反馈环节,因此很难谈论政策执行过程的"最终产品"。反馈阶段是模型的一个重要部分,因为它清晰地表明政策执行过程是一个持续的过程,可能永远不会有最终和明确的结果。

第七节　展望:Smith 模型的应用与发展

Smith 模型是第一代公共政策执行理论的代表,它用系统化的方法探索了政策过程中的冲突,并且指出了公共政策执行过程中需要考虑的各项关系。Smith 模型自创建以来得到了广泛的应用,但从模型的主要内容来看,它只是一种探索性研究,揭开了政策执行理论模型创建的序幕。它的优点是为公共政策执行过程中发生的冲突及解决过程提供了解析,后续的公共政策执行系统隐含了它的影子。但也可以看到,这个模型比较简洁,对政策执行过程中冲突解决的策略、应用的政策工具、各个因素的细分、各个要素的重要性等重要问题没有开展分析,理论的完备性还稍显不足。作为一种存在时间较久的公共政策理论模型,有部分学者运用它应对某类具体公共政策执行过程中的冲突,为政策执行分析提供了研究框架。随着第三代政策执行范式的兴起,越来越多的政策执行模型涵盖的因素更多,理论也更为完备,Smith 模型要想在众多政策执行模型中脱颖而出,还需要理论界对它展开拓展研究。

第五章 行动者网络理论

随着科学至上主义的盛行,科学被认为是客观的,但科学的成功或失败并不能完全被科学本身解释,还需要从社会和技术两个方面去考察,这个科技哲学的有关观点被法国社会学家布鲁诺·拉图尔(Bruno Latour)、米歇尔·卡龙(Michel Callon)、约翰·劳(John Law)等人发展,形成了行动者网络理论(Actor-Network Theory,简称 ANT)。① 行动者网络理论自提出后,走出了科学知识社会学领域,逐渐被战略管理、公共政策学等领域的学者引用,并日益成为一个热点理论。

第一节 纲领:行动者网络理论的原则

行动者网络理论指出,行动都是通过在一定范围内与其他人类或非人类行动者的接触而产生的,行动者之间的相互作用促成了异质性网络的形成、联合和扩张,其基本思想是,实践是由众多主体相互影响进而构建一个动态网络的过程。行动者网络理论的基本建构观是科学实践与社会背景并非对立关系,而是在同一过程中产生的,两者交融互促、共同演进。这一理论的核心纲领是广义对称性原则。

广义对称性原则是行动者网络理论的第一要义,它主张消除本体论的

---

① Latour, B. *Science in Action*: *How to Follow Scientists and Engineers through Society* [M]. Cambridge: Harvard University Press, 1987.

行动者主客二分,即以完全对称的视角解释自然环境与社会环境、必然因素与偶然因素、微观世界与宏观世界等二分事物的对称性。拉图尔认为,行动者网络理论中的广义对称性原则区别于古典科学哲学的不对称认知和科学知识社会学的对称分析,其并非实在论在自然因素与社会因素之间的更替,而是将自然与社会视为孪生的结果,当其中一个为研究对象时,另一个便成为研究背景。① 约翰·劳也提出,广义对称性应该不能让社会因素拥有特殊解释的权利。② 换言之,广义对称性原则强调对科学现象的解释是始于非自然客体或社会主体的"准客体"概念,这种观点打破了科学哲学研究中的主客体模式,以往学者对于研究对象的认知会在自然现象和社会现象中二择一定位,但是在拉图尔看来,不掺杂任何社会的自然因素和不掺杂任何自然的社会因素都是不存在的,现实的研究对象往往都是介于两者之间,亦称作"准客体",这一概念既是对自然因素的解释,也是对社会构成的说明,同时也淡化了自然与社会的绝对区分。

第二节 对象:行动者网络理论的核心

行动者网络是行动者网络理论的核心概念,它是由所有人类行动者、非人类行动者共同建构的网络。行动者是广义的行动者,既可以指人类(Humans),也可以指非人的存在或力量(Non-humans),包括观念、技术、生物、组织、思想等,二者的地位是平等的、去中心化的。行动者最主要的作用就是促成二者的联结,从而消除二者之间的空间距离感,网络就是由不同行动者组成的。行动者越活跃,与其他行动者之间的联动就越多,那么网络就越复杂,越会不断向外扩散。即使存在于网络中,但没有采取任何行动,没有造成任何改变的元素,就不能称为行动者。由于缺乏主观能动性,非人类行动者的意愿需要通过"代言人"或"代理者"来表达。拉图尔认为,人和物

---

① Callon, M. & Latour, B. Don't throw the baby out with the bath school [A]. In Pickering, Andrew. *Science as Practice and Culture* [C]. Chicago: Chicago University Press, 1992:348.

② Law, J. On the methods of long-distance control: vessels, navigation and the Portuguese route to India [J]. *The Sociological Review*, 1984,32(S1):234–263.

体之间区别不大,它们都需要有人替它们说话。网络是由行动者通过行动产生的联系形成的,强调的是工作、互动、流动、变化的过程,网络节点便是行动者。行动者之间的唯一区别就是彼此与其他节点联系的多少,行动越频繁,联系越紧密,行动者网络空间集聚度就越高,但各行动者的重要性和网络地位都是平等的。比如,电话线纤细脆弱,但电话网络覆盖全世界,将地球上所有分散的资源都覆盖在电话网络中。[①]

异质性是行动者网络建构的独特性质,指表现为有价值性、稀缺性、难以模仿性和难以替代性的要素资源,构成了行动者网络竞争优势的内生来源。界定某一要素是否存在于行动者网络中的标准是其是否参与了该网络形成、联合和扩张的科学实践,而行动者的概念在这里则体现了哲学范畴中的本体论思想。在行动者的世界中,人类行动者与非人类行动者所联结成的扁平组织打破了自然与社会、微观与宏观、上级与下级之间的边界,双方以平等的身份进行联结行动。双方的网络关系也限定了行动者的身份,即不存在跨越网络外部而定义行动者身份的要素,行动者的力量并非其实体内部所特有的资源和性状,而是在于其对网络的输出管控。

第三节　转译:网络中行动者的策略

问题转译是有效解决行动者之间连接方式和相互作用的基本方案。转译是指行动者把其他行动者的现状和问题用自身的语言进行转化,其关键点在于其他行动者能够认可其进入网络后的角色转变。在网络中,所有的行动者都动态地处于主动转译和被动转译中,这也再次强调了行动者的身份是通过其他行动者的转译活动所形成的网络关系而确定的。通俗地讲,只有以转译的方式才能将行动者联结在一起,从而建立动态稳固的行动者网络,可见转译其实是一种角色的转化过程,代表着行动者之间的利益在某种程度上的契合与均衡。拉图尔认为,任何行动者都是转译者,二者的区别

---

① 布鲁诺·拉图尔.科学在行动:怎样在社会中跟随科学家和工程师[M].刘文旋,郑开,译.北京:东方出版社,2005:298.

在于，行动者强调自身在网络上的节点意义，而转译者更突出地强调行动者能动的转译作用。转译包含自然因素与社会因素两方面的解释框架。成功的转译要让被转译者对网络中的角色满意，即转译所界定的角色是必经之点，说明了行动者被转译后的角色是转译要素的必要性选择，转译过程包含问题化、利益化、招募和动员四个基本环节。

其中，转译过程中的问题化是指如何成为不可或缺的部分，问题化过程涉及主体搭建网络。转译过程中的利益化是指如何留住同盟者，通过策略运营以固化上一环节所界定的行动者角色和均衡这一环节所涉及的行动者利益，从而促使现有行动者和吸纳新成员加入行动者网络，成为网络或联盟成员，这也正是转译过程中的第三个环节招募所需要达成的目标。转译过程中的最后一个环节动员是指让网络成员晋升为行动者网络的代言人（Agent）角色，促进网络的动态稳定运行并借助转译机制建构和产出网络创新成果。[1]

拉图尔对行动者的能动性探讨是深刻的，他认为非人类行动者的能动均源自各自的内在属性，其能动表达需要人类行动者加以转化，而且行动能力只有在网络环境下才能凸显。非人类行动者更多的是扮演着人类行动者之间的中介角色，如导师与学生之间的互动关系更多地借助于学术因素，才能稳定地构建起学生培养网络中的一环。拉图尔认为，能动性总是体现在对做某事的描述中，即对某事态制造差异，通过 C 的考验将 A 转换为 B，这种转换体现为行动者关系的定向改变，以实现网络行动者的目的和利益。[2] 转译概念从一定程度上强调了人类行动者与非人类行动者的平等，所不同的是，非人类行动者借助人类行动者的"代言"，是人类行动者功能上的能动性，而不是非人类行动者对人类行动者精神或身体的依靠。

---

[1] Latour, B. *Pandora's Hope: Essays on the Reality of Science Studies* [M]. Cambridge: Harvard University Press, 1999:174-215.

[2] Latour, B. *Reassembling the Social: An Introduction to Actor-Network-Theory* [M]. Oxford: Oxford University Press, 2005:52-53.

第四节　边界：行动者网络理论的思域

由于目前对行动者网络理论的运用研究大多属于案例研究，所以对于行动者网络理论的使用边界，并没有太多的学术成果对其进行划分，但是经过对行动者网络理论与其他社会理论的对比，行动者网络理论的边界判定可归结为三个方面的要素。

一是研究是否授予非人类要素以行动者的角色。这是判别一项研究是否基于行动者网络理论的最直观判定方式，即使研究者是假借行动者网络理论的外壳，并将基本理论套之以其他理论论述，也无法绕开该准则的检验，即其他理论难以嵌入行动者网络理论的范畴之中。若一项研究的开展将非人类要素划归以行动者的角色站位，那么即使研究者本人无此意向，也可把该研究归结到行动者网络理论的范畴之中。例如，生物学家 Kupiec 在其著作中就生动地赋予基金以行动者的身份。

二是研究如何对已有现象进行科学合理解释。该项准则是需要基于研究整体框架而进行把控和审视的评判标准，拉图尔一直致力于淡化科学哲学中的社会学认知对"社会"所设定的认知基调，他认为行动者网络理论不是以稳定的社会认知去解释自然与社会的事实。比如，Bijker 在其"技术型社会建构"思想中认为社会是一个典型的非变量因素，因为每一次技术变革所遵循的事实基础是社会的相对稳定[①]，据此可以判断 Bijker 的理论研究并不能界定为行动者网络理论的范畴。

三是研究是致力于"重塑"社会还是致力于对象的分化解构。综合来说，该项准则的判定效果是最具有效力的，但也是最具复杂性的。行动者网络理论自诞生以来，就不断地被批判和误解，部分学者给行动者网络理论贴上"科学颠覆"的标签。但是，拉图尔认为，对任何研究的分化和解构都不是行动者网络理论所希望达成的目标，反之，这些都是要规避和绕开的行为。

---

① Bijker, W. & Pinch, T. The social construction of facts and artifacts [A]. In Bijker, W. (Ed.), *The Social Construction of Technological Systems: New Directions in the Sociology and History of Technology*[C]. Mass: The MIT Press, 1987: 18.

行动者网络理论强调的是基于什么样的背景、通过什么样的过程、采用什么样的方式而达到重新组装社会的目的。根据广义对称性原则,不论社会规则未来进化到何等先进的程度,行动者网络理论设定的都是基于二元的对立模式,呈现为动态演化的网络状态。因此,拉图尔提出,"我想要做的就是重新定义社会,让它重新回到网络中"[①]。

第五节　场景:行动者网络理论的应用

拉图尔表示,与其说行动者网络理论是一种理论架构,倒不如说它是一套忠于方法学视角的方法,即行动者往往知道自己在做什么,而科学研究就是借由这个过程透过理论视角来分析转化行动者做了什么事情、怎么做的及为什么这样做。行动者网络理论的应用场景广泛,应用范围也很广泛。

行动者网络理论发源于自然科学中的场景——实验室,拉图尔在其著作《实验室生活——科学事实的社会建构》一书中就提出行动者的行动动力依靠了科学家的代言,并以科学家巴斯德发现微生物体为例。[②] 在此之前,微生物一直是一种不为人类所知的要素,在巴斯德发现了微生物体的存在之后,生物研究者才把微生物作为所要溯源的主要对象,巴斯德建构并转变了微生物在实验室的存在方式,认为生物研究者、牧民、兽医、微生物等都是行动者,而其间所产生的技术与认知都是随着行动者网络出现的,问题转译的问题化、利益化过程已在实验室场景前期达成共识并初步形成网络,而后的动员与招募过程借助网络实现了技术和产业的进步,即"巴斯德消毒法"的发明,确立了微生物在行动者网络中的非人类行动者地位。又如土壤研究者在对南美洲亚马逊热带雨林的探索活动中,土壤在被采集为样本、实验仪器提取、生成分析数据、产出图表报告的一系列过程中,从一个阶段转化到另一个阶段,土壤本身的角色也发生的一系列变动,土壤不是土壤研究者的科学再现,而是经过行动者网络的一次次中介角色变更才能转化为人们

---

① Latour, B. *Reassembling the Social*: *An Introduction to Actor-Network-Theory* [M]. Oxford: Oxford University Press, 2005:1.

② Latour, B. *The Pasteurization of France* [M]. Cambridge: Harvard University Press, 1988:252.

所认知的概念身份。

行动者网络理论并非只被限定于自然科学场景中,它也可以被应用于社会科学领域的场景中。例如,从行动者网络理论视角来看,协同创新就是异质性行动者所建构的利益网络的形成、联合和扩张过程。其中,人类行动者包括政府官员、企业职员、高校教师等,非人类行动者包括政策要素、技术要素、市场要素等。所有的异质性行动者组成了一个庞大的循环动态网络,在该网络中各个行动者具有相同的地位,通过及时的问题转译以解决协同创新建构中所面临的矛盾。技术创新行动者网络的核心在于对资源的凝聚力和技术的控制力,这也从侧面反映了网络的强度和稳定性。又如,小米公司的服务生态从开拓、扩展、领导到自我更新阶段具有严格的时序性。不同阶段的演化所体现出的特质均可以理解为人类行动者和非人类行动者联结交互所产生的期望外化,问题化过程要以服务接受者的需求为指引,利益化过程要达成价值共创的持续目的。招募过程确立了"开放、不排他、非独家"的生态系统战略以吸引企业加入,通过动员过程优化制度安排、协调利益冲突、提升服务生态效率。同时,行动者网络通过转译机制所衍生出的服务生态具有阶段性,非人类行动者经过转译所表达的"语言"显著影响着人类行动者的创新行为(图5-1)。①

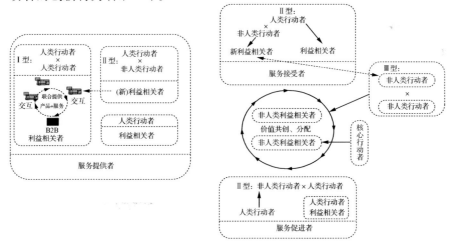

图5-1　小米公司服务生态系统角色分析

---

① 王昊,陈菊红,姚树俊,等.服务生态系统利益相关者价值共创分析框架研究[J].软科学,2021,35(3):108-115.

第六节　趋势：行动者网络理论的发展

首先，以"行动者网络理论"为关键词在中国知网网站进行主题检索，检索到 2000—2020 年间发文共计 2 208 篇，发文量趋势如图 5-2 所示，可见以行动者网络理论为主题的中文研究发文量总体呈现上升的趋势，尤其是 2005—2015 年的发文量上升趋势迅猛，在 2015 年达到顶峰，其年度发文量为 250 篇，之后热度稍减。其次，以"Actor Network Theory"为关键词在 Web of Science 网站进行主题检索，检索得 2000—2020 年间发文共计 2 939 篇，发文量趋势如图 5-3 所示。以行动者网络理论为主题的外文研究发文量总体也呈现上升的趋势，在 2019 年达到顶峰，年度发文量为 540 篇，热度不减。随后，利用 Web of Science 网站的研究方向检索结果分析，如图 5-4 所示，得出行动者网络理论的主流研究趋向排名前十位的分别是：商业经济、计算机科学、数学、社会学、工程学、环境生态学、社会科学其他主题、心理学、公共管理、政府法律。以上数据表明，行动者网络理论具有相当的认可度和舆论热度，是开展科学研究的绝佳选择。

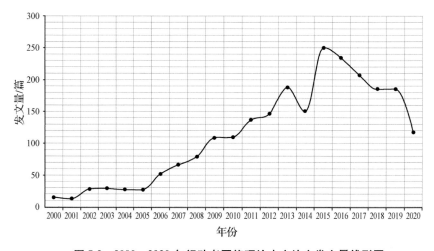

图 5-2　2000—2020 年行动者网络理论中文论文发文量线形图

（数据来源：知网）

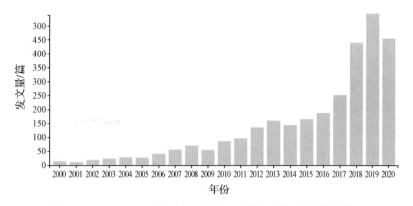

图 5-3　2000—2020 年行动者网络理论外文论文发文量柱状图

（数据来源：Web of Science）

图 5-4　行动者网络理论外文论文研究方向树状图

（数据来源：Web of Science）

第七节　反思：行动者网络理论的批判

行动者网络理论所秉持的科学建构论使其自提出时起就饱受争议，这与其本体论的立场息息相关。拉图尔坚持认为科学研究是一种受若干具体条件制约的制造过程，而且该过程是不能在其他任何地方被复制的。

首先，行动者网络理论的广义对称性原则取缔了科学史观所长期惯有的二元对立样板，即理论对自然与社会、微观与宏观、主体与客体等二元共存模式的反对。科学研究的出发点并不是二元对立双方的任何一方，而是两者的混合体，我们称之为拟客体，但是对于拟客体是怎么样的一种存在形式或事物，拉图尔并未详细说明。拟客体可以理解为一种全新的本体，是基于不同行动者之间相互关联的一种本体混沌状态，问题在于新本体的引入如何能够取代并化解原二元对立下的边界矛盾，该疑问并没有得到很好的回答，这也使得广义对称性原则是否能够适用于行动者网络理论成为一个永久话题。

其次，行动者网络理论否定了科学研究是对科学事实的发现和解释，强调科学事实是被建构和生产的，研究者在建构和生产科学事实的过程中扮演的是参与者而非发现者的角色。行动者之间的关系通过非人类行动者的引入而建立起来，将科学事实的形成过程归结为转译或联结的结果，行动者网络是科学事实的全部呈现，行动者网络理论明显并不具备非人类行动者的独有特性和知识，因此必然是借用了既有的科学事实从而建立对非人类行动者的认知，再以转译过程将其转化描述。但是借用的科学事实也是来自先前研究者的说法，所以这无法解释行动者网络理论中非人类行动者的能动性和代替人类行动者工作的说法。

第八节 启示：行动者网络理论的实践内涵

在数字化背景下，任何网络的形成均与社会背景密切相连，迥异的利益趋向和个性的行为方式都在实时通过网络转译影响着新要素的生产和溢出，所以，一方面要以市场为导向提升创新等级以满足市场动态需求，另一方面必须把对社会因素的考虑加入行动者网络的形成、联合和扩张过程中，以广义对称性的原则看待创新生态与社会环境的二元关系。只有构建更强大稳定的异质性行动者网络才能实现卓越创新，成功的创新往往并不是取决于理念或技术的前瞻性，而是取决于行动者网络的建构是否坚实稳定，是否有为创新而铺垫的其他行动者资源要素，这在一定程度上影响了创新的成败。同时需要更加重视问题转译过程所打造的行动者网络微观机制，这也是网络的互动联结之本，通过转译机制的不断运作，将各个行动者的"语言"表达出来,把网络中行动者的目标与利益有效联结,以实时增强行动者网络的核心力。

首先,行动者网络理论将人与非人置于同等的地位,使人与自然之间的割裂问题得到解决。其次,行动者网络理论强调了科学研究中的过程思维,它是通过行动者的行动和转译形成科学的过程,强调科学研究必须以研究者的活动为始点。最后,行动者网络理论考察了人类行动者和非人类行动者的特征是如何通过与其他实体的关系相互形成而改变的,人类通过持续互动和转译来影响客观事物,同时受到客观事物的影响。

行动者网络理论的三个基本原则构成了网络运行的长效机制;广义对称性原则充分体现了网络中非人类行动者的关键地位,诸如政策、技术等非人类行动者是行动者网络发展的基础;问题转译是行动者网络建立的路径,其实质在于行动者之间的利益共享,化解了网络运转的主观偏差。网络是科学研究的承载工具,内部的知识共享、信息传递、技术溢出行为得以形成通路的首要原因在于网络,它们靠网络的支撑维持着动态性、稳定性、长效性。

第六章

代表性官僚制理论

代表性官僚制（Representative Bureaucracy）由 Kingsley 等学者提出，发展到今天，已经有了 70 多年的历史。① 当前，代表性官僚制理论正朝向深度和广度拓展。②

第一节 发轫：代表性官僚制理论的起源

代表性官僚制理论的思想最早可以追溯到托马斯·杰弗逊，他提出为了保障民主和自由，担任公职的人员应当多元化，从而代表不同的群体。代表性官僚制理论的另外一个重要来源是马克斯·韦伯提出的"理想型官僚制"。韦伯依据"合理性""合法性"两个概念，提出了理想的官僚体制应当具备特征：第一，权力的来源应当合理、合法，通过相关法律授予相关部门和岗位职权，这个职权的目的是提高管理效率；第二，有严格的职务层级，上级对下级有指挥的权力；第三，作为一项专业化的管理工作，需要对行政官僚体制中的管理人员进行专业培训，使管理成为一种专门职业；第四，官员履职更多地依赖于专门的知识，包括法学、行政管理理论等。当然，韦伯的官僚制模型还提出了非人格化问题，即行政官员在执行公务活动中要不受个人情感的影响。

---

① Kingsley, J. D. *Representative Bureauracy, an Interpretation of the British Civil Service* [M]. Yeuow Springs, Ohio: Antioch Press, 1944.
② 孔凡宏. 西方代表性官僚制的研究理路[J]. 陕西行政学院学报, 2015, 29(4): 5-11.

1944年,英国学者金斯莱(J. Donald Kingsle)出版了《代表性官僚》一书。在书中他首次提出了"代表性官僚制"(representative bureaucracy)的概念,这个概念的提出主要源于他对韦伯官僚制理论的反思。他认为,韦伯提出的科层制体系是一个高度专业化、政治中立的结构,科层制是一个理性化、非人格化的层级体系。① 金斯莱发现,在少数高层官员之外,基层官员会对政策执行或决策产生很大影响,他们在执行上级命令的过程中有机会行使一些职权,有可能象征性地执行上级命令,也有可能创造性地执行公共决策,这就突破了韦伯提出的上级官员负责政策制定和行政决策,下级官员会无条件、非人格化地执行的框架。② 同时,金斯莱在研究英国公务员的构成时发现,现有公务员体系还存在不足:一是在公务员体系中不同的人员晋升机会不同,尤其是隐含的针对女性的社会政治歧视问题,严重限制了女性在行政决策中的参与;二是英国官僚机构中社会阶层的构成不足,当前的公务员主要是由传统模式培养出来的人士。他通过对英国公务员制度的研究得出了这样的结论:英国只不过是表面上的民主国家,因为英国公务员队伍的成分实质上反映了社会精英阶层的构成,忽视了中产阶级代表,有违民主规则,为此他特别强调公务员队伍的社会代表性。上述英国公务人员体系的两个不足是传统官僚制理论所忽视的问题。事实上,金斯莱的研究表明,政府官员不能是非人格化地通过考试选拔而来的,也需要考虑政府官员的社会属性和代表性问题。就此,金斯莱提出了公共部门人员构成要有代表性,他的官僚代表性的构想推动了学界反思公共行政代表性议题的进程,自此代表性官僚制理论得到了系统性的发展。

第二节 发展:代表性官僚制理论的轨迹

在代表性官僚制理论创建后,多位学者对它开展了更为深入的研究。20世纪50年代,Long和Riper Lipset研究发现,官僚的代表性越广泛,

---

① 王桂林.代表性官僚制的研究综述[J].中共乐山市委党校学报,2012,14(3):66-69.
② Kingsley, J. D. *Representative Bureaucracy, an Interpretation of the British Civil Service*[M]. Yellow Springs, Ohio: Antioch Press,1944:151,189.

公共政策的合法性水平则会越高。[1] Levitan 探索了公共部门雇员的构成代表性问题,他提出如果公共部门雇员的人口统计学特征与社会人口统计学特征相似的话,社会公民可能会更加认同公共部门雇员的行为,当然也会更加认同他们的决策。[2] Norton E. Long 则提出公务员体系应当代表国家,在机构构成方面应有更多的广泛性。[3] Van Riper 则提出了官僚机构具有代表性的两个基本标准:一是官僚机构应该包含相当数量的跨领域(职业、地理等)的公务员;二是该官僚机构要与它所在社会的价值和态度相协调。[4]

20 世纪 60 年代,Frederick C. Mosher 对代表性官僚制理论的发展做出了进一步的贡献。先前学者多数是分析政府官员的代表性问题,但对官员当选为代表后的履职情况并没有展开深入的探索。作为一名有长期行政实践经验且从事公共行政学研究的学者,Mosher 提出了主动性官僚制代表与被动性官僚制代表的概念。[5] Mosher 的综合研究大大推动了代表性官僚制理论的发展,自此大量的实证研究开始检验主动代表性官僚制和被动代表性官僚制在不同群体、不同行政和政策情景中的联系。[6] 20 世纪 70 年代,Krislov 进一步对官僚制代表理论进行了探索,并出版了《代表性官僚制》一书。此书虽然沿用了 Kingsle 的核心观点,即公共官僚机构可以是具有代表性的政治机构,但他指出 Kingsle 误用了"代表性"一词,他认为官僚机构本质上是为中产阶级服务的,下层阶级、少数民族、种族、妇女和青年这些群体代表性不足有其自然原因,其中一个原因是他们不具有成为官僚的技能和意愿。[7] 此后,其他学者对代表性官僚制理论相继进行了实证研究,主要围绕主动代表性与被动代表性展开,拓展了代表性官僚制理论的适用情境。

---

[1] 马秀玲,赵雁海.代表性官僚制理论评述[J].公共行政评论,2012,5(5):116-149.

[2] Levitan, D. M. The responsibility of administrative officials in a democratic society[J]. *Political Science Quarterly*, 1946,61(4):562-598.

[3] Long, N. E. Bureaucracy and constitutionalism[J]. *American Political Science Review*, 1952,46(3):808-818.

[4] Van Riper, P. P. *History of the United States Civil Service*[M]. White Plains, NY: Row, Peterson, 1958:552.

[5] Frederick, C. Mosher. *Democracy and the Public Service*[M]. New York: Oxford University Press, 1982.

[6] 武俊伟.西方代表性官僚制理论的局限及超越——基于地区-民族匹配视角下民众对地方政府信任水平的考察[J].中南大学学报(社会科学版),2020,26(2):108-118.

[7] Krislov, S. *Representative Bureaucracy*[M]. Englewood Cliffs: Prentice Hall, 1974.

代表性官僚制理论的研究脉络如表 6-1 所示。

表 6-1　代表性官僚制理论建立与发展脉络

时期	理论发展	代表人物	主要观点	贡献
20 世纪 40 年代之前	实践和理论积淀期	彭德尔顿法（Pendlenton Act）、威尔茨（Wiltse）、西蒙（Simon）	对官僚制的代表性问题有所注意	理论基础
20 世纪 40 年代	初创与建立期	金斯莱（J. Donald Kingsle）、利维坦（M. David Levitan）	公务员体系应当反映社会构成	概念形成
20 世纪 50 年代		朗（Long）、万·李珀（Van Riper）、利普塞特（Lipset）	代表性和公共政策合法性之间的关系	理论拓展
20 世纪 60 年代		弗雷德里克·莫舍（Frederick C. Mosher）、苏布拉尼姆（Subramaniam）、大卫迪逊（Davidson）	界定被动代表性和主动代表性	理论发展
20 世纪 70 年代	发展期	塞缪尔·克里斯洛夫（Samuel Krislov）、梅尔（Meier）、汤普森（J. F. Thompson）、戴维·罗森布鲁姆（David H. Rosenbloom）、费瑟斯通豪（Featherstonhaugh）、埃莉诺·奥斯特罗姆（Ostrom）、汤普森（J. F. Thompson）	被动代表性测量	理论框架成型与实证研究
20 世纪 80 年代	发展期	塞缪尔·克里斯洛夫（Samuel Krislov）、梅尔（Meier）、戴维·罗森布鲁姆（David H. Rosenbloom）	提出被动代表性的多种测量指标和工具；开始关注公务员背景和社会经历	实证研究
20 世纪 90 年代	成熟期	梅尔（Meier）、金（Kim）、瓜哈多尔（Guajardo）、泰尔曼恩（Thielemann）、盖布勒（Gaebler）	主动代表性和被动代表性之间的关系	理论总结与实证研究
21 世纪	应用期	戴维·罗森布鲁姆（David H. Rosenbloom）、都兰（Julie Dolan）、皮兹（Pitts）、罗氏（Roch）	主动代表性、被动代表性与组织绩效	创新应用

第三节　内涵：代表性官僚制的定义

"代表"是指被授权代表某个单位、部门或人群行使职权或表达意见的个体。Hanna F. Pitkin 依据代表的履职情况，将代表分为四类。第一，正式代表。他们是通过某种法律或规范的程序而产生的代表，比如人大或政协代表，也可以是企业中的工会代表。第二，描述性代表。他们的某些特征被预期能够代表特定群体的利益，选举他们作为代表可以提升公共政策的合法性，如部分国家中少数民族的代表等。第三，象征性代表。这些人能够代表某些象征的事物，比如英国的国王、非洲的酋长。第四，实质性代表。他们是某些人群真正的代理人，完全为了委托人的利益而行事。[1]

代表性官僚制主要聚焦于政府的文官或立法部门议员的来源构成是否能够反映区域的人口统计学特征。常见的人口统计学特征包括性别、年龄、种族、民族、宗教等。代表性官僚制认为代表特征与区域内人口特征越相近，政策的民主性就会越强，就越能够得到社会的支持。[2] 当然，代表性官僚制理论也存在问题，其中一个重要的问题就是在当代专业化、职业化的文官制度背景下，如何保证政府官员的人口统计学特征与区域人口统计学的特征保持一致。[3]

第四节　形态：代表性官僚制的类型

自 20 世纪 60 年代以来，Mosher 对代表性官僚制进行了系统化总结，创

---

[1] Pitkin, Hanna F. The Concept of Representation [M]. Berkeley, CA: University of California Press, 1967.

[2] Dolan, J., Rosenbloom, D. H., 胡辉华. 代表性官僚制[J]. 公共行政评论, 2008(3): 1-18, 197.

[3] Cook, B. J. The representative function of bureaucracy: Public administration in constitutive perspective [J]. Administration & Society, 1992, 23(4): 403-429.

造性地提出"被动代表性官僚制"与"主动代表性官僚制"的概念。自此,大量的实证研究开始检验被动代表性官僚制和主动代表性官僚制在不同群体、不同行政与政策情景中的关系。本节内容将对这两种不同的代表性官僚制进行逐一解释。

一、被动代表性官僚制

被动代表性官僚制是指政府部门人员组成应能够反映其所服务公民的社会构成。根据都兰(Julie Dolan)和罗森布鲁姆(David H. Rosenbloom)的观点,被动性代表可从三个方面来理解:一是各个群体是否有均等的雇佣机会;二是群体代表是否会对行政的合法性产生影响;三是政府行政人员的构成是否多样、有代表性。基于此,可用以下公式中的整体代表指数来反映被动代表性官僚机制:

$$整体代表指数 = \frac{社会或区域群体所占的百分比 \times 受雇于公务员体系的人数}{社会或区域群体所占的百分比 \times 相应劳动人数}$$

整体代表指数主要用来反映公务员群体中特定群体的代表情况,理想的状况是整体代表指数值为1,代表性适当;整体代表指数大于或小于1时,代表性程度过度或欠缺。也有学者开发了分层代表指数来衡量被动性代表,公式如下所示:

$$分层代表指数 = \frac{群体所占的百分比 \times 占上层职位的人数}{群体所占的百分比 \times 受雇于公务员体系的人数}$$

它的计算原理与整体代表指数的计算原理相似。

二、主动代表性官僚制

主动代表性官僚制是指政府行政人员的社会构成会影响政府政策制定的偏好。关注公务员队伍的代表性或多样性能否转化为被代表者的实际利益,即探讨诸如少数民族、种族、妇女等官僚代表能否真实代表或实现其所代表群体的利益,也就是基层官僚能否对普通民众的需要和利益做出回应。Julie Dolan等人阐释了关于主动代表性实现的几个条件:第一,政府官员或行政体系中的官员应当能代表其所在群体;第二,政府官员或行政体系中的官员应当能够在做决策时代表他所代表的群体;第三,行政官员应当能将群体的利益诉求表达出来;第四,行政决策者应当具有民主精神。① 当然,这四种条件能够同时具备是很难的,但它们为评估主动代表性官僚制指明了方向。

自 20 世纪 80 年代起,学者们认为主动性代表和被动性代表之间并不是割裂的,两者之间会相互转化,但转化需要具备一些条件:第一,代表性官僚具有政策执行的自由裁量权;第二,执行的政策对代表性群体会产生影响,而且与他们的生活或利益息息相关。② 近期,部分学者认为组织所处的环境、特征交叉性、人事分层特征等因素也是转化的前提条件。③ 在这些情境下,主动性和被动性代表之间转化的概率会变大。在此之外,有部分因素也会促进两者之间的转化。有学者对两者之间相互转化的路径进行了分析:第一个是直接途径,包括共有价值引导、同类认同、官僚偏爱、同感理解四种机制;第二个是间接途径,包括检查监督、心理阻滞、再社会化、行为变更四种机制。直接途径与间接途径两种途径形成的原初动力都普遍存在于社会化过程中。④

第五节 评述:代表性官僚制理论发展评价

代表性官僚制理论为提升政府治理能力、赋予弱势群体表达权等方面的研究开拓了新的视野。⑤ 但其当前仍存在不足之处,主要包括以下几个方面的问题:第一,如果过度强调代表性,则可能产生逆向歧视的问题,导致另外一种不公平;第二,代表性官僚制是否会对行政绩效产生影响,其产生的

---

① Dolan, J., Rosenbloom, D. H., 胡辉华. 代表性官僚制[J]. 公共行政评论, 2008(3):1-18, 197.
② Dolan, Julie & Rosenbloom, David H. *Representative Bureaucracy: Classic Readings and Continuing Controversies* [M]. London: Taylor and Francis, 2016.
③ Meier, K. J. Theoretical frontiers in representative bureaucracy: New directions for research [J]. *Perspectives on Public Management and Governance*, 2019, 2(1):39-56.
④ Thompson, F. J. Minority groups in public bureaucracies are passive and active representation linked [J]. *Administration & Society*, 1976, 8(2):201-226.
⑤ 马秀玲, 赵雁海. 代表性官僚制理论评述[J]. 公共行政评论, 2012, 5(5):116-149.

影响是正向的还是负向的,这些问题仍有待探讨,特别是要开发更为稳健的方法去进行验证;第三,代表的角色动态转化过程仍有待探索。前文提到了两类角色转化问题,但理论界对此转化过程中的角色认知、心理变化等微观问题尚少有探索,更为关键的是,在何种情境下此类转换过程会发生得更快,对这类问题的探讨也不多。①

西方学者对代表性官僚制的研究已经有相当长的历史,从最初关注政府公务员构成及代表性,逐渐拓展到关注政治民主、政府合法性、政策选择与执行、公共组织绩效、社会弱势群体等领域,并在理论上取得重要创新。但目前,国内仅有少量基于代表性官僚制理论的文章,这表明该论题在中国的本土化研究仍有拓展的空间。近年来,我国的相关研究者逐渐开始关注少数民族利益的实现问题。

---

① 王桂林.代表性官僚制的研究综述[J].中共乐山市委党校学报,2012(3):66-69.

第七章

资源保存理论

压力无处不在,已经成为影响人们生活的重要因素。长期以来,压力一直备受学界关注。工作是个体生活中最重要的组成部分之一,工作压力过大不仅会导致员工焦虑、紧张和抑郁,而且会消耗个体心理资源,引发员工情绪耗竭,导致职业倦怠等管理难题。资源保存理论(Conservation of Resource Theory,简称COR)作为压力研究理论的一个子领域,最初主要用于解释压力产生的原因,后逐渐拓展至分析工作倦怠、员工建言等领域。

第一节　起源:资源保存理论的渊薮

资源保存理论源于压力理论的探索,压力理论自身的演化过程可归纳为"关注生理反应—关注生理和心理的反应—关注生理、心理和行为的反应"三个阶段。早期,Walter Cannon首次将"压力"运用到心理学领域中,但早期的研究者对压力的关注仅局限于生理层面。① Hans Selye继承了Cannon的研究,并在此基础上提出"一般适应性综合征"(general adaptation syndrome)模型,认为个体在适应过程中要回归平衡,维持或恢复其完整和安宁。他描述了人对压力的短期和长期反应,总共包含三个阶段:一是警戒阶段,即一个短暂的生理唤醒期;二是抵抗阶段,即有机体忍耐外部压力,并进入衰弱的阶段;三是疲惫阶段,因为外在压力持续时间过长或强度较大,

---

① 夏红杰.试论压力的形成及其应对机制[J].中国急救复苏与灾害医学杂志,2012,7(6):567-569.

个体便会进入疲惫期。①

　　自20世纪60年代起,理论界将研究视角转向引发压力的前导因素,开始关注个体特征差异对压力反应的影响。这一阶段的压力研究按照研究重点可划分为三个学派:"刺激"说、"反应"说和"刺激—反应"说。② 20世纪70年代后期,学者们开始在"刺激—反应"的主导思想下,考虑个体在应对压力时所采取的行动,即关注"刺激—认知—行动"的交互型压力反应模式,并取得了丰富的理论成果,提出了多个理论模型,如工作需求—控制模型③、个体—环境适应模型④、压力模型⑤、四元模型⑥等。20世纪80年代,Hobfoll S. E.⑦等学者对广泛采用的个体—环境适应模型提出了两点质疑:第一,该模型未对"个体需求"和"资源能力"两个核心概念做出明确界定,因此在对二者平衡关系进行解析时陷入了互为解释的互证逻辑,不能明晰二者之间的关系机理;第二,该模型并未提供"个体需求"和"资源能力"比较的标准化工具,导致难以对二者进行比较。鉴于此,Hobfoll提出了资源保存理论,旨在能够更好地揭示和解释压力情境下的个体行为。

　　Hobfoll在1989年首次提出资源保存理论（Conservation of Resource Theory）,该理论认为个体拥有的资源是有限的,在面对压力情境时,个体是理性的,个体会努力保护、获得、建构他们认为有价值的资源,并避免那些他们认为有价值的资源的损失。资源保存理论从人类进化的角度揭示了人们天生携带着基于进化的、根深蒂固的、强大的偏见,即偏重资源损失而忽视

---

① Selye, H. The alarm reaction, the general adaptation syndrome, and the role of stress and of the adaptive hormones in dental medicine [J]. *Oral Surgery, Oral Medicine, and Oral Pathology*, 1954,7(4):355 – 367.

② 曹霞,瞿皎姣.资源保存理论溯源、主要内容探析及启示[J].中国人力资源开发,2014(15):75 – 80.

③ Karasek, R. job demands, job decision latitude, and mental strain: Implications for job redesign [J]. *Administrative Science Quarterly*,1979,24(2):285 – 308.

④ Cooper Cary L. & Marshall, Judi. Occupational sources of stress: A review of the literature relating to coronary heart disease and mental ill health [J]. *John Wiley & Sons*, 1976,49(1):11 – 28.

⑤ Brown, L. P., et al. A randomized trial of early discharge and nurse specialist transitional follow-up care of high-risk childbearing women [J]. *Nursing Research*, 1997,46(5):254 – 261.

⑥ Williams, B. S. & Cooper, L. *Managing Workplace Stress: A Best Practice Blueprint* [M]. Wiley, 2002.

⑦ Hobfoll, S. E. Conservation of resources: A new attempt at conceptualizing stress [J]. *The American Psychologist*, 1989,44(3):513 – 524.

资源获得。

资源保存理论与社会学习理论紧密相关。社会学习理论认为个体是有进取心的,倾向于避免资源损耗,这样成功的概率会更大。① 基于这一逻辑,社会学习理论认为个人会努力获取、保留、促进和保护他们重视的东西。在此基础上,Hobfoll 认为,当关键资源受到损失威胁或无法获得关键资源时,人们就会产生巨大的压力。

资源保存理论中的某些核心原则与选择补偿最优化理论紧密相关,Baltes 与其妻子 Margret 提出了选择补偿最优化模型(SOC 模型),此理论认为个体在其衰老过程中虽然会经历各种资源的丧失(如疾病),但也会遇到各种机遇(如教育、学习)。② 该模型侧重于分析资源的获得或损失以及伴随老龄化而带来的不可避免的资源损失,这反过来要求个体重新调整可用资源以补偿损失的资源。这种介于获得和损失之间的动态平衡可以通过选择、补偿、优化三种要素的相互作用来实现(表 7-1)。

表 7-1 SOC 理论框架中的选择、优化与补偿③

选择(目标和偏好)(selection)	优化(与目标相关的手段)(optimization)	补偿(用来抵消资源丧失或减少的与目标相关的手段和资源)(compensation)
选择性的选择 目标的具体化 目标系统化(层级) 目标承诺 缘于丧失的选择 关注最重要的目标 重建目标层级 改写标准 寻找新目标	选择性注意 抓住最恰当的时机 坚持 获得新技能和资源 技能训练 努力获得能量 时间分配 以其他成功者为榜样	手段的替代 利用外部和他人的帮助 利用治疗性的干预 获得新技能和资源 激活未使用的技能和资源 增加努力和能量 增加时间分配 以其他获得成功补偿的人为榜样 疏忽优化其他手段

(1)选择。指对目标的选择,资源的限制或丧失迫使个体进行选择,要么是放弃已有的目标,要么是设置新目标并展开追求。选择可以是通过考察当前状况以预测未来的变化而进行,也可以是遇到突发事件后被迫进行。

---

① Bandura, A., et al. *Social Learnig Theory* [M]. Englewood Cliffs, NJ: Prentice-Hall, 1977.
② Baltes, P. B. & Baltes, M. M. Successful aging: Contents [M]. Cambridge: Cambridge University Press, 1990.
③ 王叶梅,陈国鹏,宋怡. 成功老龄化的 SOC 模型研究综述[J]. 心理科学,2007(2):377-379.

(2)补偿。指当个人在所选择的功能领域里,资源丧失或实现目标的途径受阻时,就需要替代性的过程或手段来维持一定的功能水平以达到目标,这就是补偿。补偿包括思想、技术和人性三种手段:思想的手段即从个体内部进行改变以获得补偿,当记忆力下降时,可以通过改变记忆策略进而恢复与之前相当的记忆水平;技术手段就是借助外部的资源来获得补偿,比如当听力下降时可以借助助听器;人性手段就是通过借助别人的帮助来获得补偿。

(3)优化。优化的过程存在于选择和补偿两个过程中,有效的优化能够使资源匮乏者的有限资源得到合理配置,使补偿的过程更加完美、顺利。

第二节 资源:资源保存理论的根基

资源保存理论的所有观点都与资源的获取、保存和保护有关,因此,理解资源保存理论的内涵必须在明确资源概念的基础上进行。世界上有各种各样的资源,比如自然资源和社会资源,根据不同的标准可以划分出不同类型的资源。资源保存理论中的"资源"含义广泛,Hobfoll 将资源与目标联系起来,认为资源是能够帮助个体实现目标的任何物质或条件。[1] 进而他将资源细化为四类:(1)物质性资源,比如生存环境、工作工具、汽车;(2)条件性资源,比如社会关系、资历、经验;(3)个体特征资源,包含个体特质和技能,比如自我效能、自尊;(4)能源性资源,比如时间、金钱、知识与社会性支持。[2] 然而,一些被人们所公认具有价值的资源对处于某一特定情境中的个体可能并没有价值,于是学者们进一步区分了个体评判资源价值的两种路径:(1)普适性路径,它强调的是特定事物之所以被视作资源,是因为它们在个体所处的文化环境下具有普适价值。如健康的身体、美满的家庭、幸福的生活和生命意义感等,它们为全人类所共同珍视,在全社会中均被视作有价值的资源。(2)特质性路径,它强调的是特定资源的价值取决于其与个体当前需要(或目标)的匹配程度。有些事物虽然被大多数人视为有价值的

---

[1] Halbesleben, J., et al. Getting to the "COR": Understanding the role of resources in conservation of resources theory[J]. *Journal of Management*, 2014, 40(5):1334-1364.

[2] Hobfoll, S. E. *The Ecology of Stress* [M]. New York: Hemisphere Pub. Corp, 1988.

资源,但如果它们和个体当前情境下的具体需要并不匹配(或不能帮助个体实现目标),那么这些事物对于个体而言则是没有价值的。

Brummelhuis 和 Bakker 在研究员工工作资源与家庭资源的转移关系及过程时提出了"工作-家庭资源模型",从资源的角度分析了这一过程。① 他们认为积极的经验首先需要发展为员工的个人资源,然后跨越家庭和工作的界限。不同于与情境相关的资源,个人资源存在于个体中,因此可以超越家庭-工作的界限,这种可转让的资源包括身体、智力、心理资源等。简言之,他们依据 Hobfoll 对于资源分类的标准,扩充了资源的类型并将资源分为六个大类,分别是条件资源(objects conditions)、建设性资源(constructive resources)、社会支持(social support)、能量(energies)、宏观资源(macro resources)和关键资源(key resources)(表 7-2)。

表 7-2　资源的类型及变量②

资源类型	资源特征	研究变量
条件资源	与情境有关的;相对稳定的	工作特征、工作-家庭关系等
建设性资源	个体自身的;相对稳定的	情绪智力、能力等
社会支持	与情境有关的;易变的	信任、主管支持等
能量	个体自身的;易变的	组织支持感、组织认同、情绪耗竭等
宏观资源	个体所处的大环境特征	环境复杂性等
关键资源	能够影响对其他资源的利用	心理资本、人格特质等

第三节　内核:资源保存理论的主要命题

资源保存理论的提出使研究者们不再仅仅关注独立的环境视角的压力或认知视角的压力,而是从资源角度出发,将这两个领域的压力联结起来。Hobfoll 通过整合多位学者对资源保存理论的相关研究,最终将资源保存理

---

① Brummelhuis, L. T. & Bakker, A. B. A resource perspective on the work-home interface: The work-home resources model [J]. American Psychologist, 2012,67(7):545–556.
② 张毛龙,胡恩华,单红梅. 组织管理研究中资源保存理论的应用述评与展望[J]. 管理现代化,2019,39(6):112–114.

论的基本观点归纳为一个基本假设、二个基本原理、五项原则和三条推论（图 7-1）。①

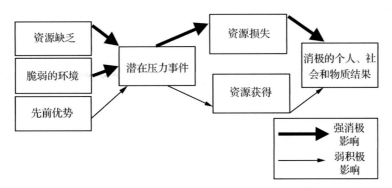

图 7-1　资源获得与资源失去的不同影响②

一个核心假设：资源保存理论的基本假设是，个体会维持现有资源，同时还会积极获取新资源。

二个基本原理：一是资源损耗与资源获取对个体产生的心理感受是不同的；二是个体对资源的损失会更敏感。

五项基本原则：第一，损失优先原则。资源损失的影响远大于资源获得的影响，人们会努力采取行动以避免资源损失，可能放弃获得其他资源的机会。第二，投资原则。个体必须持续对资源展开投入，个体通过资源投资来巩固当前资源，更快地从资源损失中恢复，获取新的资源。这是一种应对压力的方式。第三，增益悖论原则或获得悖论原则。在资源损失的情境下，资源的补充和增加尤为重要，新资源的注入会缓解压力。第四，绝境原则或资源绝望原则。在面临资源绝境时，个体进入防御模式以保护自我，这种防御可能是具有攻击性的非理性行为，来缓冲压力造成的冲击或重新部署应对压力的方式。第五，资源车队和通道原则。Hobfoll 提供了一个理解、预测和检查资源之间相互关系的框架，通过对资源进行调整和设置，可以实现资源成本和收益的最佳平衡。资源车队是指人们拥有的资源并非独立存在，而是像行进的车队一样互相联系。资源通道是指人们的资源存在于环境中，

---

① Chen, S., Mina, W. & Hobfoll, S. E. The commerce and crossover of resources: Resource conservation in the service of resilience [J]. *Stress and Health: Journal of the International Society for the Investigation of Stress*, 2015, 31(2): 95-105.

② Holmgreen, L., et al. *Conservation of Resources Theory* [M]. New York: John Wiley & Sons, Ltd, 2017: 446.

个体所在的组织或环境在资源的塑造和维系中扮演重要角色。

三条推论:第一,初始资源的拥有量会影响个体资源的投资行为,初始资源较多的个体,其资源投资行为会更为激进;初始资源较少的个体,资源投资行为会比较保守。第二,资源损失有着螺旋效应,即个人可能在资源损失过程中存在着恶性循环问题,导致个体心理压力持续增加。第三,收益也存在螺旋效应,即个人可能在资源获得过程中有着赢者通赢的现象。①

第四节　展望:资源保存理论的批判与瞻望

资源保存理论在本质上是压力和动机理论,它详细解释了个体面对压力时的应付目标与反应,以及个体与环境的交互作用。资源保存理论自诞生后,在公共管理领域主要用于对公共部门人员的心理疲惫、情绪劳动等方面的研究。② 近年来资源保存理论的应用频率越来越高。同时,资源保存理论的应用范围也越来越广(图 7-2)。

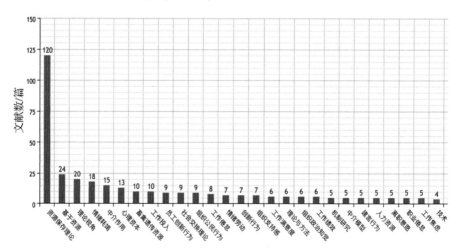

---

① Hobfoll, S. E., et al. Conservation of Resources in Organizational Context: The Reality of Resources and their Consequences [J], Annual Review of Organizational Psychology and Organization Behavior, 2018,5(1):103 – 128.

② 芮国强,宋典.促进或抑制:情绪劳动对政务窗口人员主动服务行为的影响研究[J].南京社会科学,2020(9):24 – 32.

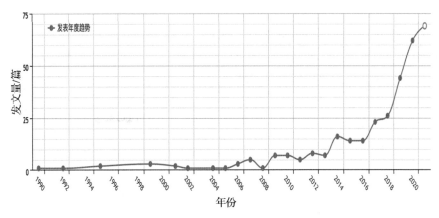

图7-2 资源保存理论应用频率

它可以作为行为公共管理学的基础理论,为公共部门人员心理和行为问题的研究提供一个有效的解释框架。① 但资源保存理论也存在部分问题,这些问题主要集中在以下几个方面:

第一,资源保存理论中有关"资源"的界定仍然比较模糊。② 不可否认,资源保存理论中的资源概念比较抽象和模糊,导致研究者对资源测量方法也有争议,特别是资源的特征和测量问题仍然困扰着理论界。比如,当前研究者对资源的测量有几种方法。第一,Hobfoll等人创建了资源保存理论中的74项资源,但应用得非常少。③ 更为通用的测量方法是简单地用一小部分资源集合,这些资源集合也与研究对象紧密相关。另外一种策略是通过对资源损失或获得进行测量,比如用情绪衰竭和敬业度作为资源的显示变量。还有一种策略是简单地用感知的广泛资源进行测量。④ 但这些测量在普适性、广泛性等方面有所不足,所以难以开展调查。因为资源的概念难以界定,所以资源的获取或损失也就很难衡量。第二,对资源保存理论的流动问题的相关探索并不多。当前,应用资源保存理论的相关研究多数采用静

---

① 张书维,李纾.行为公共管理学探新:内容、方法与趋势[J].公共行政评论,2018,11(1):7-36,219.
② Halbesleben, J., et al. Getting to the "COR": Understanding the role of resources in conservation of resources theory[J]. *Journal of Management*, 2014,40(5):1334-1364.
③ Hobfoll, S. E. *The Ecology of Stress* [M]. New York: Hemisphere,1988.
④ Zellars, K. L., et al. Accountability for others, perceived resources, and well being: Convergent restricted non-linear results in two samples[J]. *Journal of Occupational and Organizational Psychology*, 2011,84(1):95-115.

态的观点,主要从资源获取或损失的角度去思考问题,但也有学者指出资源还有一个资源流动(resource fluctuation)过程,随着时间的演变,资源的水平存在6种变化过程。在资源流动的过程中,资源水平的变化程度影响个体行为和心理的机制仍然没有得到探索,概括而言,资源保存的动态过程没有得到理论界的重视。第三,资源保存理论的部分重要原则仍然没有得到验证,比如资源保存理论认为资源损失比资源获取更为明显,资源损失的影响比资源获得的影响更大,但这个原则通过何种方法在何种情境下进行验证,这个原则是否存在着逆反的情形?对这些问题,理论界反思得并不多,导致资源保存理论的复杂程度稍显不够。如果这些问题得不到解决,资源保存理论能否继续发展便是一个值得怀疑的问题。

  围绕这些问题,资源保存理论还在继续完善和发展,作为理论界对资源保存理论探索的重点,上述问题的解决可以提高资源保存理论研究的深度,同时也可以进一步拓展资源保存理论的应用领域。

第八章
自我决定理论：动机连续谱及其影响

自我决定理论（Self-Determination Theory，简称 SDT）的创建者是 Richard M. Ryan 和 Edward L. Deci[①][②]，他们长期从事心理学研究，持续发展了自我决定理论，并经常性地开展关于自我决定理论的座谈和研讨。自我决定理论的理论源泉有认知发展理论[③]、人本主义心理学[④]、心理动力学[⑤]等理论。它关注的主要问题是个体的动机、基本心理需求、影响个体动机的环境因素，是一个以实证研究为基础的，分析人类行为和人格发展的有机理论。[⑥] 在人格和动机理论介绍的基础上，此理论分析了外在社会环境如何阻碍员工繁荣，或者如何满足员工基本的心理需求，比如能力、关系和自主。在支持性的环境下，当员工感觉特别满意时，个体的好奇心、创造力、生产力和同情心会最大限度地展现出来。

---

① Ryan, R.M., Connell, J.P. & Deci, E.L. A motivational analysis of self-determination and self-regulationin education [A]. In Ames, C. & Ames, R. E. (Eds.), *Research on Motivation in Education: The Classroom Milieu. Waltham.* MA: Academic Press, 1985: 13 – 51.

② Ryan, R.M. & Deci, E. L. Intrinsic and extrinsic motivations: Classic definitions and new directions [J]. *Contemporary Educational Psychology*, 2000, 25(1): 54 – 67.

③ Werner, H. Comparative Psychology of Mental development [M]. Chicago: Follett, 1948.

④ Rogers, C.R. The actualizing tendency inrelation to "motives" and to consciousness [A]. In Jones, M. R. (Ed.), *Nebraska Symposium on Motivation* [M]. Lincoln: University ofNebraska Press, 1963: 1 – 24.

⑤ Freud, S. *The Ego and the Id* [M]. New York: Norton, 1923.

⑥ 刘靖东, 钟伯光, 妣刚彦. 自我决定理论在中国人人群的应用[J]. 心理科学进展, 2013, 21(10): 1803 – 1813.

第一节　自我：自我决定理论的基础

理解自我决定理论的核心前提是对个体、"自我"(self)、动机等概念有清晰的认识。自我决定理论对个体有个基本假设，它认为部分心理学理论将个体视为具有自我组织、发展和一致性聚焦的倾向，其他心理学理论则认为个体缺乏这种倾向，反而是情境反应的混合物。自我决定理论对个体的研究采取的是有机的视角，将心理成长、忠诚和快乐作为生命科学的研究核心。自我决定理论假设人已经进化成具有内在好奇、身体主动和深度社会化的生物。它认为个体发展的显著特征是主动参与、吸收信息、行为管控和生活在社会团体内。从出生之日起，个人就具有强烈的内在倾向去对外部世界和内部世界的信息展开有兴趣的探索。自我决定理论将个体行为视为有意识或无意识的理由或动机的函数，这些理由和动机往往表现为期望、害怕、反思性价值、目标，往往在意识中有时很明显，也有可能被忽视。作为一种心理学理论，自我决定理论关注个体行动的性质、结构和功能，包括个体主动进行选择性参与和对外部环境采取行动的能力。

理解自我决定理论对个体的假设关键在于看它对"自我"概念的解释，它认为个体"自我"的概念是最重要的问题。"自我"的概念早期由 Heider 提出，"自我"涉及自我管制和意志。对"自我"的理解，哲学上有两个视角。其中一个视角认为自我是过程，它认为自我不是对客观世界的感知或评估，而是通过联系、吸收、构建而产生的对现象的感受。[①] 在这个过程中，一个重要的议题就是自律和他律的问题。自律是自我统治(self-governing)，隐含着自我管制的意思。其对立面是他律，是指被别人管制，有被他人强制的体验。人类的自我意识会促使个体超越个体感知，最终赋予价值给物体和目的，包括应用、反思和推理。听从医生的命令，不是自主决定的，但是相信医生是一种自主，因为它经历了选择。在自我决定理论当中，学者假设人天生具有选择性支持他们天性的能力，反对他人的逼迫。自主性不仅是指个体

---

① Heider, F. *The Psychology of Interpersonal relations* [M]. New York: Wiley, 1958.

第八章 自我决定理论：动机连续谱及其影响

认同他们做的事情，而且指支持和接受促使他们向前走的期望与理由。① 换句话讲，他们不仅赞同行为的内容，而且还认同这些行为的动机。心理学视角的自我概念存在于心理动力学传统中。心理学家 Horney 提出自我是促使个体发展和实现的原始力量。个体真实的"自我"不是靠学习获得，而是依据内在潜力或居中的内在心理力量，这一规律存在于所有人类个体的发展过程中。个体真实的自我就是代表个体天生内在发展的动机倾向。② Jung 认为在生命历程中个体自我会对心理施加组织和整合影响，多数人的主观体验是自我的函数。③

自我决定理论中的"自我"采纳的是 Loevinger④ 和 Eagle⑤ 的观点，他们将"自我"视为一个综合系统，反映了个体内在天生的组织和整合倾向。个体有效范式的核心特征是强调发展和功能整合。自我决定理论认为自我有几个特征：第一，真实自我是自然的天赋，是从出生就展现的潜力。真实自我不是一个社会构建或文化植印，而是一种天生的力量，与个体周边的社会环境交互影响。第二，真实的自我在很多理论中并没有被简单地理解为一个认知展现或概念，而被认为是一个动机力量或倾向。第三，真实自我是一个整体，它在有机体中具有整合服务功能，代表了一个中心和健康提升的力量。第四，尽管真实自我是天生的，但它不仅是工作中发展的激励力量，而且会在个体发展和社会环境的互动过程中削减或弱化。⑥

自我决定理论认为个体不是白板一块，而是有初始"自我"的，自我涉及一系列基本的心理流程和特征，代表心理持续发展过程的起点。例如，婴儿通过内在动力去展现内在倾向和参与环境，并根据意志行动。他们对成长和发展的需求是先天的，这代表一个持续的、朝向有机整合发展的倾向。当然这种整合过程也是有条件的，它需要社会和环境的支持，去满足基本的心理需求，这些需求主要有自主、能力、关系等。当然，也不是所有的个体都能有效整合，部分个体可能只是内摄性的内化，有些个体还可能与自我隔离。

---

① Frankfurt, H. G. *The Reasons of Love* [M]. Princeton, NJ: Princeton University Press, 2004.
② Horney, K. *Neurosis and Human Growth* [M]. New York: Norton, 1950.
③ Jung, C. G. *The Structure and Dynamics of the Self* [M]. In Collected works: Aion (Vol. 9). Princeton, NJ: Princeton University Press, 1951.
④ Loevinger, J. *Ego Development* [M]. San Francisco: Jossey-Bass, 1976.
⑤ Eagle, M. *Psychoanalytic Conceptions of the Self* [M]. New York: Springer Verlag, 1991.
⑥ Hesse, H. *Demian* [M]. New York: Harper & Row, 1965.

整合较好的个体比整合较差的个体会展现更多的活力,以及更多的内在一致性和幸福感。

第二节　动机:自我决定理论的核心概念

在"自我"概念解析的基础上,自我决定理论对需求和动机的概念进行了阐述。它将需求定义为对员工成长、正直和福利有重要影响的营养(nutrient)。基本的生理需求是身体健康和安全必需的营养,比如氧气、清洁的水、充分的营养、远离伤害。在基本的生理需求之外,还有基本的心理需求,比如兴趣、维持发展和福利。基本的生理需求是客观的现象,而基本的心理需求是主观的现象,剥夺基本的心理需求会导致成长、正直和幸福受到影响。

在需求概念解释的基础上,自我决定理论认为个体具有三种基本的心理需求动机,它认为自主是个体第一个基本的心理需求。自我和自主是心理学中经常交叉与联系的概念,依据自我决定理论,个体心理发展是一个动态适应需求倾向的过程,这种倾向具有内联和整合功能。在自我决定理论当中,自我是一个心理整合组织,新功能、叙事、价值观、管制和倾向被整合其中。自主是自我规制自己的经验和行动,是意志感觉、一致性和整合的一种功能性整合。自主被认为是一种自愿性的感觉,它是一种与独立不同的感觉。自我决定理论认为只有那部分有意识的行动才是自我管制或自主的。个体第二个基本的心理需求是能力,它是指员工的自我效能和精通,个体在他们重要的生命领域感觉能够有效操作。在系列认知动机中,内在奋斗、好奇、操纵对内部需求的作用非常明显,而在挑战性太高、负面反馈广泛、掌握程度和效率降低的情况下会削减。第三个基本的心理需求是关系,关系涉及被社会化关联,当个体感觉被社会关怀时,他们就会感受到关系。

动机,从词源上讲,关注于驱动个体行动的因素。动机主要给行为提供能量和方向。自我决定理论与其他动机理论的一个根本区别是,自我决定理论认为动机是完全出于意志的,反映了个体的兴趣和价值观。此外,还有完全外在的动机,它是指个体被强制做某件事情,在其中他发现不了什么价值。很显然,不同的动机会产生不同的能量,更为关键的是,自我决定理论认为动机可以被内化,或者与自我保持一致。无动机是指个体缺乏意愿和动力去做某件事情。无动机产生的原因有多种:第一种原因是个体感觉他们不能有效地实现目标,源于个体感觉能力不足,或者不能控制结果;第二种原因是个体从能力或控制的角度,感觉行为缺乏兴趣、相关性或价值;第三种原因是受个体反抗、拒绝服从的影响。

第三节 命题:自我决定理论的子理论

自我决定理论起源于社会心理实验,它探讨事件对内在动机的影响,以及外在动机提供报酬、反馈、自由选择的机会。它探讨的是外在投入如何影响自然和天生的个体追求挑战、吸收新信息,以及如何更有创造性地发挥和应用他们的知识,进而演变出认知评价理论(Cognitive Evaluation Theory,CET)等理论。认知评价理论是用来描述社会环境如何影响内部动机,进而影响高绩效的理论。

一、认知评价理论

认知评价理论是自我决定理论的第一个微观理论,主要探讨社会环境中的事件是如何影响内部动机的。认知评价理论起源于一个问题,当一个人从事的工作具有内在动机时,如果给予外部的报酬,个体的内在动机会有何变化。先前假设内在动机和外在动机是可以累加的,当显著的外部动机导入后,整体动机会增加,或者当外部激励去除后,动机会回到以前的水平。期望理论就认为内部和外部动机是可以累加的。薪酬对内在动机的影响取决于外部报酬是如何管理的、个体是如何认知的。① 也有研究表明预期到的薪酬不会破坏内部动机。②

---

① Deci, E. L. & Ryan, R. M. Self-determinationtheory: When mind mediates behavior [J]. *Journal of Mind and Behavior*, 1980,1(1):33-43.

② Ross, M. Salience of reward and intrinsic motivation [J]. *Journal of Personality and Social Psychology*[J]. 1975,32(2):245-254.

自我决定理论研究表明,外在奖励会破坏内部动机,但其影响是复杂的,比如外部评价、监控、竞争、正向与负向反馈都会影响内在动机。此理论主要是在实验室状态下验证的。负面影响个体自主、胜任和关系的事件会削弱个体的内在动机,而具有正向影响的事件会提升个体的内在动机。此理论认为胜任和自主满意度是维持内在动机的前提条件。内在动机在相对安全的环境下最为稳健,可以被归宿和联系感所提升。外部报酬对内在动机的削弱作用并不意味着所有的报酬是无效的。当行为是出于非内在动机时,外部报酬是有用的。

二、有机整合理论

有机整合理论(Organismic Integration Theory,简称 OIT),它的理论核心是内化和整合,它导致四种类型的动机,分别是外部、内摄、认同和整合的动机。这些动机在自主程度上各不相同,前因变量和对员工体验与行为的影响也不同。内化是指个体接受外来价值观、信念和行为等规定,并且将它们转变为自己的一部分。① 它的重要来源是外化过程中的社会化过程。外部管制是指一个行为主要取决于外部报酬或惩罚。内摄管制(introjected regulation)是一种内化的形式,它是指人接受或采纳了规定、价值观,但这么做只是部分和不完整的转换或吸收。从现象学的角度来分析,内摄会被感知为一种要求和控制力量,即有一种需求这么做或应当这么做的焦虑在其中。它是个体的一种内在心理管制,比外在动机的影响更为持久。认同是一种自主性程度更高的内在动机,个体会下意识地赞同价值观和管制。整合性动机是指完全内化,是外在动机自主性的基础。无动机是一种独立且重要的管制动机,它描述了一种状态,即既不是被驱动行为,也不是有意识地开展行动,而是个体感觉它没有价值、回报或意义。有动机与无动机的区别在于是否出于有意识。外在动机的内化可以被认为是一个连续谱,它从相对他律或控制的管制过渡到相对自主的自我管制。外在管制是指外在动机依旧取决于外部控制;内摄管制描述外在动机主要取决于内部控制,涉及情感和自尊管理;认同管制是指外部动机被个体价值观接受并认同其重要

---

① Ryan, R. M., Connell, J. P. & Deci, E. L. A motivational analysis of self-determination and self-regulationin education [C]. In Ames C. & Ames, R. E. (Eds.), *Research on Motivation in Education: The Classroom Milieu*. Waltham, MA: Academic Press, 1985:13 – 51.

性;整合管制是指外在动机被全部认同,被其他价值观和需求认同与吸收。自我决定理论假设相对自主性程度越高,高质量行为的持续性程度越高。研究表明,满足基本的心理需求可以促进内化和整合,需求受阻则会迟滞或预先阻止内化。它的主要命题有:自然的有机整合会被外在支持,但整合与内化过程会有不同的效率,进而导致内化程度不同,主要由于因果控制体验和自主性程度不同;支持基本能力、关系和自主性的基本的心理需求会促进非内在动机激励个体行为的内化和整合,当外部环境被控制,关系或能力需要被抑制时,内化,特别是认同或整合管制将被削弱;当个体行为更多地被自主或整合形式的内化管制时,个体展现出的行为持久性将会更高,对那些困难或复杂的行为而言更是如此。同时,个体也会获得更多的积极体验,更高的心理健康和福祉。

三、因果定向理论

Heider 提出了内部因果感知(Perceived Locus Of Causality,简称 PLOC,)的概念,它是指个体对行为的结果感知是由有意识和由个人引起的,或者是由非有意识和由非个人引起的。De Charms 提出如果有意的行为是内在驱动的,它就可以称为内在因果控制内在感知(I-PLOC),否则叫作外部因果感知(E-PLOC)。[①] De Charms 认为,I-PLOC 会对内在动机变化有影响,探索、好奇、创造力、自发性兴趣都是自我决定的特征,如果是 E-PLOC,则会降低源于自我的行为发生的概率。个体有意识往往是指能力和努力对结果有影响,如果环境能够为现象判断提供支持,比如扫清障碍,则该影响是正面的;反之则产生负面影响。

因果导向理论(Causality Orientation Theory,简称 COT)是在 Heider 内部因果感知概念基础上提出来的,它分析的是个体差异。自我决定理论最为关注的是个体自主、控制的因果导向。具有高自主性导向的个体倾向于赋予环境信息性功能价值,他们对事件感兴趣,去追求选择和自我决定的机会。那些具有高度控制导向的个体倾向于关注环境的控制领域,以及外部报酬和社会压力的呈现。那些具有非人际导向的个体倾向于认为环境是不

---

① De Charms, R. C. *Personal Causation: The Internal Affective Determinants of Behavior* [M]. New York: Academic Press, 1968.

可控或无动机的。Deci 和 Ryan 提出了三种类型的因果导向,分别是自主性导向、控制性导向和非人际导向,这三种导向主要是个体对环境和自我动机的描述。① 自主性导向描述个体对环境的处理,将环境作为相关信息的来源,他们对外在事件和相应的内在体验都感兴趣。控制性导向是描述个体的注意力和关心对外部环境与控制的导向。非人际导向描述个体对目标实现和体验表现得焦虑与无能,对结果缺乏控制感,相对倾向于无动机。这三个动机都是个体关注环境特定领域和内在能力的倾向。因果导向是个体发展的结果,它们长时间被生理和社会环境因素困扰,进而影响个体的心理自主、能力和关系。因果导向会影响个体对环境的认知效率及心理福祉。自主性导向会促进个体人格整合,会强化自我、提高绩效。控制导向会提升内摄强度,它会强化自我,促使自我无效管理,积极体验更少。非人际导向会提升个人的非胜任感和无动机,进而会强化自我,导致低的绩效和低员工福利。所有个体都或多或少地存在这三种因果导向,环境中的微妙变化会导致某些导向在某些情境下更为显著。

COT 理论的主要命题有:(1)外部事件会影响个体行为的内在动机,当外部动机影响个体感知的能力时,外部事件如果能极大地提升个体感知的胜任感,那么它就会提升个体的内在动机。反之,则会弱化内部动机。(2)与启动和管理行为相关的外部事件的三个特征有相关的功能性影响:如果外部事件能够传递有关自我决定的感知,那么它就会促进 I-PLOC,支持内在动机。如果外部事件传递的是控制,强迫员工以某种方式思考、感觉和行为,那么它就会促进 E-PLOC,弱化内在动机。如果外部事件传递的是去动机信息,显示对于获得结果的无能感和缺乏价值,那么它就会破坏内在动机和外在动机,进而导致无动机状态。

四、基本心理需求理论

基本心理需求理论(Basic Psychological Needs Theory,简称 BPNT),此理论主要关注个体的基本需求如何动态地影响员工福祉和活力,特别是关注需求如何抑制精神和造成健康问题。此理论经常采用多层模型去探讨问

---

① Deci, E. L. & Ryan, R. M. The general causality orientations scale: Self-determination inpersonality [J]. *Journal of Research in Personality*, 1985, 19(2):109-134.

题,关注基本心理需求满足与挫折和不幸的关系。它对三个基本需求的概念分别进行了界定,即前文所说的自主、能力、关系。它的主要观点有:(1)三个基本心理需求中任何一项没有得到满足,对于优化发展、真诚和健康的影响都很大。此外,与基本心理需要相关的任何挫折行为都会导致个体更多的不幸和更差的状态。个体的心理需求得到满足和遭受挫折会随着时间、环境与社会互动的变化而变化,任何因素或事件都会通过导致需求变化而导致个体健康的变化。其中,任何一个心理需要都会被自主性促进,控制性的环境和事件不仅会破坏自主满意度,而且对关系和胜任感有同样的负面影响。因为基本心理需求获得满足是个体完整发挥作用的前提,需求满足或抑制的效果都将会比较明显,不管是个体清楚地表达他们的需要,还是社会文化情境的变化。(2)个体三种基本心理需求是相互关联的,特别是将它们聚合到更高层面(如领域、情境和时间)加以分析时。需求缺失(比如不安全和自尊)会在威胁、失望或成长需求受限的环境下变得更为明显。满足这些需求会推迟不健康,但不会提升健康和优化个体发展。主观活力往往更多是由身体因素而被感知,它也会影响需求的满足,因此,外部控制和自我控制状态会消耗活力,而需求获得满足会提升活力。(3)环境可分为自主性支持(对应于要求和控制)、效能感支持(对应于完全挑战,不连续或其他不鼓励)、关系支持(对应于非人际关系或拒绝)。自主性支持包括提供可供选择的机会、鼓励自我管制,能力支持包括提供结构化和正面的信息反馈,关系支持包括他人的关怀。

五、目标内容理论

目标内容理论(Goal Contents Theory,简称GCT)关注个体目标。每个人都有生命目标,大致可以分为内在追求目标和外在追求目标。内在追求目标是指那些能够促进自主、能力和关系的需求;外在追求目标主要是指物质追求、获得名声和权力。依据实现论,目标可分为追求财富、名誉和形象等外部目标,以及追求个人发展、关系和服务于社区等内部目标。GCT理论认为,过于关注外部目标与低的健康安乐需求相关;相反,将内在目标放在更为重要的位置,个体的健康安乐需求程度会更高。原因是,外部目标更容易被认为是被控制的,而不是自主的;内部目标的获得更容易促进个体发展、亲密关系,更容易促使其为社区做贡献。内部目标和外部目标的关系是基本心理需求得到满足或遭受挫折的函数。

六、关系动机理论

关系动机理论(Relationships Motivation Theory,简称 RMT),它认为关系需求是一种内在需求,会促使个体有意识地参与亲密关系,因被某个伙伴接受而感受到需求得到满足,带来真诚、情绪依赖和非防御性的体验。自主付出可以支持他人,可以满足付出者的基本心理需求,给个体带来心理安康。彼此使对方保持自主可以促进接受者和付出者实现基本的心理需求,促使双方构建积极的动态关系。当关系需求和自主性需求产生对立时,差的关系就会产生。

第四节　结果:动机连续谱的影响

自我决定理论自开发以来,在管理学界得到了广泛的应用,但主要是分析动机的作用。有学者借鉴自我决定理论将组织中个体创新的动机分为内源性、外源性和混合性创新动机。内源性创新动机与内在动机类似,指个体开展创新行为是因为创新能给他们带来欢乐。外源性创新动机与外在动机类似,个体开展创新行为更多的是因为组织提供的报酬有吸引力。混合性创新动机是指行为兼具以上两种特征。这三种类型的创新动机会对个体的创新行为产生影响。[①] 部分学者应用自我决定理论,认为基本心理需求的满足可以促进个体的工作嵌入,可以提升个体的职业幸福感,进而促进个体对组织的情感承诺,为组织承诺形成提供了一个新的理论视角。[②] 研究表明,以考核或发展为导向的组织绩效管理体系会对员工行为产生影响:以考核为导向的绩效考核会影响员工的受控制动机,负向影响员工创新;以发展为

---

① 于海云,赵增耀,李晓钟,等.创新动机对民营企业创新绩效的作用及机制研究:自我决定理论的调节中介模型[J].预测,2015,34(2):7-13.
② 张旭,樊耘,黄敏萍,等.基于自我决定理论的组织承诺形成机制模型构建:以自主需求成为主导需求为背景[J].南开管理评论,2013,16(6):59-69,111.

导向的绩效考核可以增加个体的自主性动机,正向影响员工创新。[1]

也有学者基于自我决定理论,分析了高绩效工作系统影响员工幸福感的路径,认为高绩效工作系统实施重视员工参与决策、鼓励员工自主性决策、广泛的培训、信息共享等措施,可以提升员工的自主性、胜任感和关系密切性。通过满足员工三项基本心理需求,可以提升员工的幸福感,另外,此影响还会受到外在环境的影响。例如,在机械式组织结构中,员工会更多地感受到控制型的工作环境,高绩效工作系统与员工基本心理需求满足之间的关系会变弱。[2] 同样,有学者研究表明,资质过剩感会促使员工认为自己的能力无从发挥,个体的工作自主性无所展现,而且被周围的人不理解,员工的三项基本心理需求很难得到满足,个体缺乏内在的工作动机,就会展现出更多的工作脱离行为(图 8-1)。[3]

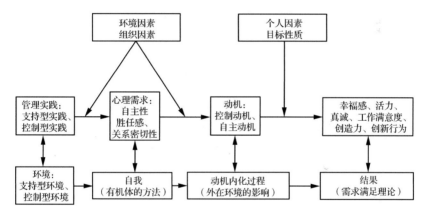

图 8-1　动机连续谱

国内有关应用自我决定理论的研究可用上述框架来表示,一般是分析管理实践对员工三项基本心理需求的影响,然后再探讨基本心理需求的满足对个体行为的影响,在此过程中再加上分析某些工作环境、目标特征、个人因果定向等特征对动机发挥作用的影响。

---

[1] 王忠军,张璐,王思思,等.绩效考核导向对利用性与探索性创新行为的影响:自我决定理论视角[J].中国人力资源开发,2016(11):48-54.
[2] 曹曼,席猛,赵曙明.高绩效工作系统对员工幸福感的影响——基于自我决定理论的跨层次模型[J].南开管理评论,2019,22(2):176-185.
[3] 李伟,梅继霞,周纯."大材小用"的员工缘何不作为?——基于自我决定理论的视角[J].外国经济与管理,2020,42(10):76-90.

第五节　瞻望：自我决定理论的应用与发展

尽管自我决定理论在管理学领域受到的关注越来越多，但在公共管理领域的应用并不多，特别是在国内。例如，国内只有李占乐和魏楠应用自我决定理论探讨了中国公众网络政治参与的动力系统模型[①]，孙晓雅和陈娟娟基于自我决定理论分析了在服务型政府建设过程中影响个体进行知识共享的因素[②]。但在国外，公共管理领域应用自我决定理论的研究逐渐深化，特别是在公务员服务动机、工作积极性领域。Roxana 等学者应用自我决定理论分析了公共服务动机的楔进或挤出效应问题，分析了在何种情形下绩效薪酬才可以有效地帮助公务员维持公共服务动机。[③] 自我决定理论在我国公共管理研究领域应用较少的原因是国内对行为公共管理学的研究并不多，多数学者研究的对象是行政组织、行政制度和管理实践，而自我决定理论是一个以个体为对象的研究理论。相信今后随着公共管理领域越来越关注个体的微观心理和行为，自我决定理论的相关应用会越来越多。

与此同时，我们也可以看到自我决定理论还处在不停的演进过程中，由早期的四个子理论逐渐发展到六个子理论。早期自我决定理论关注的核心是三个基本心理需求和动机分类，但当前自我决定理论关注的范围越来越广泛，比如开始关心个体的因果定向类型、追求目标的性质等因素的影响，开始深入分析促进动机内化的情境。不过可以发现，在自我决定理论的应用过程中，国内还很少有分析因果定向等因素对需求、动机的影响，这是未来自我决定理论应用的主要领域之一。

对于自我决定理论本身而言，它还有进一步完善的空间。例如自我决

---

① 李占乐，魏楠. 中国公众网络政治参与动力系统模型的构建——基于自我决定理论和系统理论的分析[J]. 电子政务，2019(12)：14－23.

② 孙晓雅，陈娟娟. 服务型政府知识共享影响因素的理论研究——基于自我决定理论和社会资本理论[J]. 情报科学，2016，34(6)：26－30，46.

③ Roxana, Corduneanu, Adina, Dudau, & Georgios, Kominis. Crowding-in or crowding-out：The contribution of self-determination theory to public service motivation [J]. Public Management Review, 2020，22(7)：1070－1089.

定理论认为它是一个跨文化的理论,它的需求是所有人类都需要具备的,但在某种文化情境下,个体是否会将特定需求放在首位,需求设置的层次是否会对个体的动机产生不同的影响,这些问题还需要深入剖析。同理,自我决定理论的一个核心概念是动机的内化,它认为需求的满足是内化的前提,但需要指出的是,需求的满足不是一个静态的过程,需求满足的动态过程是否影响动机内化的过程,这仍然有深入探索的空间。

对于公共管理而言,自我决定理论主要用于对公共部门工作人员的态度和行为方面的影响研究。联系近期比较热点的公共服务动机议题,我们发现,自我决定理论不仅可以为公共服务动机的形成和发展提供解释框架,而且对公共服务动机发挥作用的情境条件有很强的解释力,由此可以断定它将会在公共服务动机领域有更广泛的应用。

第九章 计划行为理论

计划行为理论(Theory of Planned Behavior,简称TPB),是一个关注推动个体行为的理论架构,融合了多属性态度模型(TMA)与理性行为理论(TRA)而衍生出来的具有高度行为解释和预测力的行为理论,是近年来社会心理学领域比较热点的理论模型。

第一节 发展:计划行为理论的形成

美国心理学家Fishbein和Ajzen共同提出了理性行为理论,此理论研究了各种要素对于个体健康、道德及其他的相关行为的影响,分析它们对行为转变所具有的作用。[1] 在这一理论中,主观规范和行为态度发挥着主导性作用,对于个体而言,个体的行为意向改变其行为。[2]

最初,理性行为理论在消费领域运用比较广泛。但是,Ajzen在后续的研究中发现,在实际环境中,理性行为理论夸大了个体的主观因素,忽略了主观能动性之外个体无法掌控的因素。例如,参与体育活动不仅需要一定的运动能力和技能,更需要体育场地设施、充足的闲暇时间及参与锻炼的机会等。为此,Ajzen在理性行为理论的基础上添加了新的要素——感知行为

---

[1] Ajzen, I. & Fishbein, M. *Understanding Attitudes and Social Behavior* [M]. Englewood, NJ: Prentice Hall, 1980: 2-20.

[2] 张锦,郑全全.计划行为理论的发展、完善与应用[J].人类工效学,2012,18(1):77-81.

控制,从而构成了计划行为理论。① 在此理论中,行为意向将会对个体行为起到决定性作用,而感知行为控制也可对个体行为造成直接影响。②③④ 计划行为理论强调行为意向是研究重点,它受行为态度、主观规范和感知行为控制这三个变量的影响。除此之外,感知行为控制能够直接解释和预测行为的发生。

第二节　框架:计划行为理论的核心观点

计划行为理论的核心观点有:(1)行为意向是个人能力、机会、资源与实际行为之间的中介变量。(2)感知行为控制可以较好地预测行为发生的概率(图9-1中虚线)。(3)行为意向是行为态度、主观规范和感知行为控制三个因素的前因变量。(4)信念是行为态度、主观规范和感知行为控制三个因素的前因变量。(5)计划行为理论中的行为态度、主观规范和感知行为控制这三个重要概念虽然各有所指、互有区别,但是它们有时可能在态度上有所

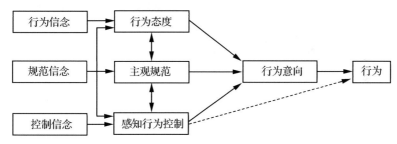

图 9-1　计划行为理论模型图

---

① Ajzen, I. The theory of planned behavior [J]. *Organizational Behavior & Human Decision Processes*, 1991, 50(2):179 – 211.

② Ahmad, M. H., et al. Applying theory of planned behavior to predict exercise maintenance in sarcopenic elderly [J]. *Clinical Interventions in Aging*, 2014(9):1551 – 1561.

③ Wu, J. h., Li, S. H. & Sung, W. Y. The study of perceived environment and its relation to senior citizen's physical activity behavior in tention [J]. *Journal of Business Research*, 2016, 69(6):2259 – 2264.

④ Park, Jun Yong, Chiu, Weisheng, & Won, Doyeon. Sustainability of exercise behavior in seniors: An application of the extended theory of planned behavior [J]. *Journal of Physical Education and Sport*, 2017, 17(1):342 – 347.

交集。因此,它们既彼此独立,又两两相关,共同作用于行为意向(表9-1)。①

表9-1 计划行为理论重要概念阐释表

计划行为理论重要变量	重要概念阐释	函数表达式
行为态度 (Attitude Toward the Behavior, AB)	对实施自己感兴趣的特定行为的正面或负面的评估。依据态度期望价值理论②,个体大量有关行为可能结果的信念,称为行为信念。主要包括行为信念的强度(strength of belief, b)、行为结果的评估(evaluation, e)两项内容。这两种行为信念内容共同决定行为态度。	$AB \propto \sum_{i=1}^{n} b_i e_i$
主观规范 (Subjective Norm, SN)	个体根据感知到的社会压力来决定自身是否执行某种行为。主观规范受规范信念(normative belief, n)和顺从动机(motivation to comply, m)的影响。其中规范信念是指个体预期到重要他人或团体对其是否应该执行某特定行为的期望;顺从动机是指个体顺从重要他人或团体对其所抱期望的意向。	$SN \propto \sum_{i=1}^{n} n_i m_i$
感知行为控制 (Perceived Behavioral Control, PBC)	感知到执行某一项行为的难易程度,它反映的是个体在执行某一项行为时所感知到的促进或阻碍执行行为因素的知觉。主要包括控制信念(control belief, c)和知觉力(perceived power, p)两项内容。	$PBC \propto \sum_{i=1}^{n} c_i p_i$

---

① 段文婷,江光荣. 计划行为理论述评[J]. 心理科学进展,2008,4(2):315-320.
② Fishbein, M. & Ajzen, I. *Belief, Attitude, Intention, and Behavior: An Introduction to Theory and Research*[M]. Boston, MA: Addison-Wesley, 1975.

第三节 操作:计划行为理论的应用流程

当前,学术界对计划行为理论概念的测量主要是通过量表和问卷的方式进行,量表通常是借助李克特量表,在测量时应当遵循一致性原则,引出突显信念,然后正式编制测量问卷。

一、一致性原则(Principle of Compatibility)

它是指研究所使用的测量要有针对性,并且具有同一性。[1] 鉴于一致性原则对研究结果的重要性,计划行为理论要求研究者在测量前对所研究的行为进行严格定义,可从对象(Target)、行动(Action)、环境(Context)和时间(Time)四个角度出发。[2]

二、引出突显信念(Eliciting Salient Belief)

引出突显信念是指个体对某些行为的强烈认同或反对,主要聚焦于三类开放性问题:第一,这些行为的最大收益或潜在危害是什么? 第二,这些行为会受到哪些行为的促进或滞碍? 第三,哪些群体会支持或反对这些行为? 然后用频率值计算突显信念模式(model salient beliefs),这是编制正式研究问卷项目的信息源。

三、编制正式测量问卷

为帮助研究者应用计划行为理论,Ajzen 设计了通用的问卷模式供研究者参考。[2] 他认为在编制直接测量项目时要注意吸纳近些年的研究经验,针对计划行为理论中行为态度概念的测量应包含工具性态度(好与坏)及情感态度(愉快与不愉快);针对主观规范概念的测量应包括命令性规范(指在

---

[1] Ajzen, I. The theory of planned behavior [J]. Organizational Behavior & Human Decision Processes, 1991,50(2):179-211.

[2] Ajzen, I. TPB measurement: Conceptual and methodological considerations [EB/OL]. http://www.people.umass.edu/aizen/pdf/tpb.measurement.pdf. Revised January, 2006.

一定的现实情境下人们必须做的、人们认同或者反对的行为)及描述性规范(告知人们哪些行为是可取的、合理的);针对感知行为控制概念的测量应包括感知控制及自我效能感。

编制基于信念的测量问卷存在"量纲"(optimal scaling)问题。量纲问题是指在编制基于信念的测量问卷项目时使用单级还是双级等级评分模式的问题,Holbrook 提出了一个相对容易的方法。[1] 以行为态度为例进行说明(可以类推到主观规范和感知行为控制),让 b 和 e 分别加上常数 B 和 E,那么有 $Ab \propto \sum_{i=1}^{n}(b_i+B)(e_i+E)$,展开并忽略其中的 BE 项,得到 $Ab \propto \sum_{i=1}^{n} b_i e_i + B\sum_{i=1}^{n} e_i + E\sum_{i=1}^{n} b_i$。要求得 b 和 e 的调节参数 B 和 E,只需将 $\sum_{i=1}^{n} b_i e_i$、$\sum_{i=1}^{n} e_i$ 和 $\sum_{i=1}^{n} b_i$ 对整体的态度测量值进行回归,然后将回归方程除以 $\sum_{i=1}^{n} b^i e_i$ 的系数即可。

第四节 领域:计划行为理论的应用范围

* *

计划行为理论具有普适性,自提出以来,学者们已将其广泛应用于各个领域的行为研究,包括饮食行为[2](Diet Behavior)、牙线行为[3](Dental Floss Behaviour)、锻炼行为[4](Exercise Behavior)、环保行为[5](Environmrntal

---

[1] Holbrook, M. B. Comparing multiattribute attitude models by optimal scaling [J]. *Journal of Consumer Research*, 1977,4(3):165 – 171.

[2] Kaveh, M. H., et al. Evaluating the effect of the child-to-child approach based on the theory of planned behavior on the eating behaviors of elementary school students [J]. *International Journal of Medical Research and Health Sciences*, 2016,5(5S):121 – 126.

[3] Lavin, D. & Groarke, A. Dental floss behaviour: A test of the predictive utility of the theory of planned behaviour and the effects of making implementation intentions [J]. *Psychology Health and Medicine*, 2005,10(3):243 – 252.

[4] Rise, J., Thompson, M. & Verplanken, B. Measuring implementation intentions in the context of the theory of planned behavior [J]. *Scandinavian Journal of Psychology*, 2003,44(2):87 – 95.

[5] 周玲强,李秋成,朱琳. 行为效能、人地情感与旅游者环境负责行为意愿:一个基于计划行为理论的改进模型[J]. 浙江大学学报(人文社会科学版),2014,44(2):88 – 98.

Protection Behavior)等。计划行为理论来自国外,其应用也非常广泛,涉及交通、消费、健康等各个领域(表9-2)。

表9-2 计划行为理论在国外的部分应用领域

计划行为理论应用领域	部分研究者及公布时间
吸烟行为	Olivier, et al (2021)①
饮酒行为	Kim Lowe Hong (2020)②
HIV 检测意愿	Phoenix, et al (2019)③
食品安全	York, et al (2009)④
饮食意愿	Wang & Frank (2021)⑤
学习意向	Putranto & Saputra (2013)⑥

在国内,学者们对计划行为理论的研究也后来居上,使该理论在众多领域得到了良好的发展研究,涉及的部分领域有农业经济⑦、教育⑧、环境⑨、交

---

① Olivier, Lareyre, et al. Characteristics and impact of theory of planned behavior interventions on smoking behavior:A systematic review of the literature [J]. *Preventive Medicine*, 2021,143:106327.

② Kim, Younkyoung, Lowe, John & Hong, OiSaeng. Controlled drinking behaviors among Korean American and Korean male workers [J]. *Nursing Research*, 2021,70(2):114 – 122.

③ Phoenix, K. H. et al. Disclosure of maternal HIV infection to children among Chinese women with HIV:The application of the theory of planned behaviour and the role of various norms [J]. *Health & Social Care in the Community*, 2019,27(6):1544 – 1554.

④ Valerie, K. York, et al. Using the theory of planned behavior to elicit restaurant employee beliefs about food safety:Using surveys versus focus groups [J]. *Journal of Foodservice Business Research*, 2009, 12(2):180 – 197.

⑤ Wang, Ou & Frank, Scrimgeour. Willingness to adopt a more plant-based diet in China and New Zealand:Applying the theories of planned behaviour, meat attachment and food choice motives [J]. *Food Quality and Preference*, 2021,93:104294.

⑥ Putranto, Agus & Saputra, Wawan, Analisis intensi berprestasi mahasiswa binus online learning [J]. *ComTech*, 2013,4(2):836 – 848.

⑦ 杜斌,康积萍,李松柏.农户安全生产意愿影响因素分析[J].西北农林科技大学学报(社会科学版),2014,14(3):71 – 75.

⑧ 冉云芳.企业参与职业教育校企合作的影响机理研究——基于计划行为理论的解释框架[J].教育发展研究,2021,41(7):44 – 52.

⑨ 谢金华,杨钢桥,张进,等.长江经济带农户生态认知对其清洁能源利用行为的影响机制——基于5区市农户的实证分析[J].华中农业大学学报,2021,40(3):52 – 63.

通运输①、体育②等(表9-3)。

表9-3 计划行为理论在国内的部分应用领域及主要研究内容

计划行为理论应用领域	部分研究者及公布时间	主要研究内容
顾客消费行为	杨强(2015)③	基于计划行为理论探讨了大众购买行为的发生机制。
知识分享行为	黄顺铭(2018)④	分享态度、主观规范、自我效能和认知控制力正向影响虚拟社区的知识分享意图。
图书馆领域	顾东蕾(2013)⑤	以计划行为理论为基础,分析了研究馆员之间的知识分享行为。

第五节 评述:计划行为理论的不足与发展

总体而言,计划行为理论具有良好的解释力和预测力,是许多研究的良好理论基础,其适用范围越来越广泛(表9-4)。

---

① 杨鸿泰,苏帆,刘小寒,等.摩托车驾驶员闯红灯的行为意向研究[J].中国安全科学学报,2018,28(2):21-27.

② 杨剑,刘赵磊,季泰.大学生锻炼意向与行为关系——执行功能的解释作用[J].福建师范大学学报(哲学社会科学版),2020,4(3):131-141,171-172.

③ 杨强,董泽瑞.基于计划行为理论的早期大众购买行为产生机理研究[J].大连理工大学学报(社会科学版),2015,36(1):70-76.

④ 黄顺铭.虚拟社区里的知识分享:基于两个竞争性计划行为理论模型的分析[J].新闻与传播研究,2018,25(6):52-76,127.

⑤ 顾东蕾.基于计划行为理论的馆员间知识共享机制及实证研究[J].中华医学图书情报杂志,2013,22(5):32-37.

表 9-4　计划行为理论适用行为领域

计划行为理论应用领域	具体行为
饮食行为	摄取纤维素,避免咖啡因
医疗行为	健康检查、癌症筛检、乳房自我检查
运动行为	健身、休闲活动的选择
药物行为	戒酒
社会与学习行为	投票选举、献血、学习成就、违规行为

如今,计划行为理论已获得大量研究的支持,也在不断地发展与完善,但仍存在以下问题。

(1) 理论自身发展问题。对计划行为理论主要变量的测量比较复杂,需要依据具体的研究开展特定的研究。比如,对于饮食行为和医疗行为两种行为,对个体行为的意向、主观规范等方面的测量需要分别开发不同的量表。开发量表的过程涉及复杂的工作,对于每类行为的主观规范,主体需要进行大量的甄别,这就导致变量的测量操作比较困难。也正是因为如此,变量的测量存在一定的主观性,所以部分研究受到了质疑。

(2) 研究方法问题。当前基于计划行为理论的研究,主要是解释和预测行为,很多研究在搜集编制问卷的项目时没有引出突显信念和遵从一致性原则,研究效率较低。计划行为理论的进一步发展需要研究者转移一些注意力到提高计划行为理论研究方法的准确性、可靠性上,从而在一定程度上真正提高计划行为理论的解释力和预测力。

(3) 研究方向问题。计划行为理论不仅可以用来解释和预测行为,还能用来干预行为。但就目前而言,研究者很少在干预行为研究方面应用计划行为理论,绝大多数研究还停留在解释和预测行为上,弱化了理论的实践意义。

第十章

公共服务动机：为人民服务的动机

公共服务动机是公共管理研究的一个新课题，它一经提出，便很快在学界掀起了一股热潮。无论是在以美国为代表的西方世界，还是在中国、韩国等亚洲国家，公共服务动机都受到了公共管理研究者的广泛关注。[①] 为此，有必要总结现有成果，对公共服务动机理论体系的核心内容加以梳理。对公共服务动机的研究主要沿着三条主线展开：一是剖析公共服务动机的内涵；二是探索公共服务动机的结构并进行测量；三是对公共服务动机的前因、后果等因素进行研究。本章将循此三条主线，综合西方学者和国内学者的研究，对公共服务动机理论进行系统介绍。

第一节 源起：公共服务动机理论产生的背景

公共服务动机是公共行政管理中讨论最多的问题之一。20世纪，公共选择理论和新公共管理范式对公共服务动机产生了巨大的影响。公共选择理论引入了经济学中的"理性人"假设，认为包括公务人员在内的所有人都是追求利益的，个体行为都是为了最大化获得对自身有利的一切外部资源，如金钱、权力、荣誉等。同时，自1979年起，英国撒切尔内阁开始改革，此后政府改革浪潮席卷西方乃至全世界，尽管规模各异，但各国政府改革的核心

[①] 陈重安.公共服务动机：概念发展与前沿研究[J].江苏师范大学学报(哲学社会科学版)，2019,45(6):81-89.

特征是一致的——引入私人部门的管理手段来改进公共部门的绩效。可是,随着时间推移,用公共选择理论和新公共管理范式分析公共部门雇员行为,即公共服务动机的有效性愈发受到质疑,其局限性体现在如下三点。

一、无法解释公共部门雇员的利他行为

在理性人假设下,公共部门雇员的行为应该都是自私自利的,但现实中情况复杂得多。一些官僚出现腐败、权力寻租等负面行为,另一些官僚却有着无私的积极行为,甚至"自私自利"和"大公无私"有可能是出现在同一人身上的两副面孔。以自利性假设为基础的委托代理模型难以解释勤奋工作、默默奉献、甘于自我牺牲的"有原则的代理人"的存在。[①] 因此,从"利己"角度出发的分析无法解释"利他"行为,公共服务动机却提供了一种新思路。

二、激励手段并不总是有效

研究公共服务动机,是为了提高公共部门的绩效。新公共管理理论将绩效工资制作为公共部门雇员主要的报酬方式,从私人部门的管理实践中借鉴项目预算、业绩评估、战略管理、顾客至上、结果控制、合同雇佣制、人力资源开发和组织发展等原则或措施,提高公共服务供给的效率。[②] 虽然取得了一定成效,但这种激励方式并不总是有效的。从宏观而言,引入私人部门管理手段和方式并没有根除公共部门效率低的问题,无论是国外还是国内,学界仍然在寻找提高公共部门效率的解决方法。从微观来看,通过金钱等外部性的激励手段并未让每一位公共部门雇员在提供公共服务时都全力以赴,仍然有雇员缺乏工作积极性。这些现象表明,新公共管理范式对个体行为和动机的解释并不全面,公共部门雇员的工作动机来源还有其他因素。

三、忽略公私部门的差异

将私人部门的管理手段和方式运用于公共服务部门以改进政府绩效,

[①] Dilulio, J. D. Principled agents: The cultural bases of behavior in a federal government bureaucracy [J]. *Journal of Public Administration Research and Theory*, 1994, 4(3):277-318.
[②] 陈振明.评西方的"新公共管理"范式[J].中国社会科学,2000(6):73-82.

其隐含的一个前提是公共部门员工和私人部门员工的工作动机是一致的。① 众所周知,公共服务具有非竞争性和非排他性的显著特征,与私人部门提供的产品并不相同,既然如此,"公私部门员工工作动机不存在差异"这一观点的合理性有待商榷。国外学者的研究显示,公共部门中的行政人员和管理人员具有更强的服务大众的意识。② 同时,从理性人假设出发,公共部门雇员是无赖(knave),但民众更希望公共部门雇员如骑士(knights)般基于人生自我实现、利他或使命感而努力工作③,如此民众即可作为社会的一部分而享受公共部门的福利回馈。此外,公共选择理论认为公共部门是自私自利的,不利于政府和官员形象的塑造,不仅会减少大众对政府的信任,甚至会伤害公共部门雇员的工作积极性。

由于新公共管理范式存在不足,加之学者、公共部门雇员、民众等对公共选择理论将"理性人"假设运用于公共服务部门存在不满与失望,政治家开始重新呼唤公共服务伦理,公共服务动机理论便在这种背景下应运而生。

第二节 界定:公共服务动机的内涵

一般认为,公共服务动机最早源于 Rainey 的研究,Rainey 不仅首次使用了"公共服务动机"这个术语,用以表达公共部门职员的利他偏好或行为倾向,也通过公私部门的比较研究揭示了差异的存在。④ 但 Rainey 的这种引入和使用仍具有自发和从属性质,缺少对公共服务动机概念、性质、结构、形式和功能必要的理论解析。⑤ 直到 1990 年,Perry 和 Wise 对公共服务动机

---

① 李小华.西方公共服务动机研究[J].理论探讨,2007(3):146-149.

② Sikula, A. F. The values and value systems of governmental executives [J]. Public Personnel Management, 1973;2(1):16-22.

③ 谢秋山,陈世香.国外公共服务动机研究:起源、发现与局限性[J].上海行政学院学报,2015,16(1):70-78.

④ Rainey, H. G. Reward preferences among public and private managers: In search of the service ethic [J]. The American Review of Public Administration, 1982,16(4):288-302.

⑤ 张正军,张丽君,马红鸽.公共服务动机研究的兴起和发展[J].西安财经学院学报,2018,31(1):111-122.

第十章 公共服务动机：为人民服务的动机

做了系统阐述，正式开启了对公共服务动机理论体系的研究。他们认为，公共服务动机是"个人对主要或完全基于公共机构和组织的动机做出反应的倾向"[1]，这一定义获得学界最广泛的认可。

此后，一些学者在深入探索和研究的基础上对公共服务动机提出了许多不同的定义。Rainey 和 Steinbauer 将公共服务动机定义为"一种服务于团体、地方、国家或全人类利益的利他主义动机"[2]。Taylor 给出一个简洁的定义："公共服务动机是一系列服务公共利益的动机、价值和态度。"[3]但这些都没有成为学界一致认可的概念。究其原因，首先，公共服务动机是一个多维度、多因素的抽象概念；其次，公共服务动机与其他一些概念如"公共服务伦理""亲社会行为"等联系紧密且相似，这给公共服务动机的具体界定造成了困扰；最后，公共服务动机并不是天生的、一成不变的，如时间变化或组织变化都会使得公共服务动机发生变化。[4] 因此，Vandenabeele 等人主张采取包容性的定义，把公共服务动机界定为"信念、价值和态度"，这些信念、价值和态度"超越了个人自利和组织利益，关注更大政治实体的利益，并激励个体按照恰当的方式采取行动"[5]，但这一定义也未能取代 Perry 和 Wise 经典表述的公认地位。

需要注意的是，公共服务动机是"服务取向"而非"部门取向"，"公共服务动机"并不等于"公共部门动机"。对公共服务动机的一个常见误解是，只有公共部门的员工才具有公共服务动机。一般而言，公共服务部门雇员的公共服务动机更为显著，这只是由于公共服务动机强的人更倾向于选择进入公共服务部门，或者个体进入公共服务部门后受到环境影响而强化了公共服务动机。非公共服务部门的雇员也并非没有公共服务动机。

---

[1] Perry, J. L. & Wise, L. R. The motivation bases of public service [J]. *Public Administration Review*, 1990, 50(3): 367-373.

[2] Rainey, H. G. & Steinbauer, P. Galloping elephants: Developing elements of a theory of effective government organizations [J]. *Journal of Public Administration Research and Theory*, 1999, 9(1): 1-32.

[3] Taylor, J. Organizational influences, public service motivation and work outcomes: An Australian study [J]. *International Public Management Journal*, 2008, 11(1): 67-88.

[4] 曾军荣. 公共服务动机：概念、特征与测量[J]. 中国行政管理, 2008(2): 21-24.

[5] Vandenabeele, W., Scheepers, S. & Hondeghem, A. Public service Motivation in an international comparative perspective: The UK and Germany [J]. *Public Policy and Administration*, 2006, 21(1): 13-31.

第三节 测度:公共服务动机的结构与测量

公共服务动机作为内在的心理过程,既实时变化又难以察觉,这无疑为其研究增加了许多困难。因此,研究公共服务动机,首先要解决其测量问题。对公共服务动机的测量有两种方法——间接测量和直接测量。间接测量是通过与公共服务动机相关的变量或行为来测量公共服务动机,它可以分为报酬偏好比较法和行为测量法两种途径。报酬偏好比较法是对公私部门雇员进行比较研究,比较研究对象是更倾向于获得内部报酬还是外部报酬;行为测量法则是通过观察个体的公共服务行为来测量公共服务动机的水平。直接测量法是通过探索公共服务动机的结构,依此建立量表,并通过问卷调查测量公共服务动机的水平。间接测量法在早期研究中使用较多,而直接测量法是当今学界研究普遍使用的方法。

通过量表测量公共服务动机仍然要归功于Perry的开创性贡献。Perry将公共服务动机分为理性动机(rational motives)、规范动机(norm-based motives)、情感动机(affective motives)三种类别。理性动机是指追求个人效用最大化;规范动机是对规范的遵从;情感动机是对某件事的情感反应。三动机理论为公共服务动机的后续研究提供了一个解释框架,在此基础上,Perry从理论分析出六个维度:对公共政策制定的吸引力、对公共利益的承诺、公民义务、社会正义、自我牺牲和同情心,并通过因子分析实证检验最终确立了如今我们熟悉的公共服务动机四维度模型——参与公共政策吸引(attraction to policy making)、公共利益承诺(commitment to the public interest)、同情心(compassion)和自我牺牲(self-sacrifice),形成共24个题项的量表。①

Perry量表为公共服务动机测量和后续的问卷开发提供了基石,影响力巨大。此后,其他学者不断修正和完善Perry量表或开发新量表以推进对公

---

① Perry, J. L. Measuring public service motivation: An assessment of construct reliability and validity [J]. Journal of Public Administration Research and Theory, 1996, 6(1): 5-22.

共服务动机的测量,主要有如下几种方向。第一,有学者认为Perry把公共服务动机分为四个维度,这与三类动机不对应,并且公共利益承诺和自我牺牲具有一定的重合,三维度和四维度的模型在统计上并没有较大的差异,因此认为公共服务动机只有三个维度。① 第二,有学者认为公共服务动机除了Perry的归纳外还应增加其他维度,例如"民主治理"。② 第三,有学者认为Perry量表题项过多、过于冗长,应简化题项,例如Wright提出的单维度MSPB量表。③ 第四,Perry量表是基于美国情境开发的,其跨文化适用性需要进一步探索。

在这之中,比较具有代表性的研究来自韩国学者Kim等人。他们总结了过去对Perry四维度的批评和研究成果,认为自我牺牲(Self-Sacrifice,SS)是公共服务动机最基本的要素;而公共参与吸引(Attraction to Public Service,APS)、公共价值承诺(Commitment to Public Values,CPV)和同情心(compassion,COM)分别代表了理性、规范和情感动机三个要素。这一解释厘清了三动机与四维度的关系。④

在我国,刘帮成基于中国情境,修订出共18道题项的量表。⑤ 包元杰、李超平在Kim的PSM-16量表的基础上,形成了8道题项的短版量表PSM-8⑥(表10-1),由于信效度表现良好,且题项较少,易于填写,PSM-8深受国内学者欢迎。

---

① Coursey, D. H. & Pandey, S. K. Public service motivation measurement: Testing an abridged version of Perry's proposed scale [J]. *Administration & Society*, 2007, 39(5): 547 – 568.

② Vandenabeele, W. Development of a public service motivation measurement scale: Corroborating and extending Perry's measurement instrument [J]. *International Public Management Journal*, 2008, 11(1): 143 – 167.

③ Wright, B. E., Christensen, R. K. & Pandey, S. K. Measuring public service motivation: Exploring the equivalence of existing global measures [J]. *International Public Management Journal*, 2013, 16(2): 197 – 233.

④ Kim, S., et al. Investigating the structure and meaning of public service motivation across populations: Developing an international instrument and addressing issues of measurement invariance [J]. *Journal of Public Administration Research & Theory*, 2013(1): 79 – 102.

⑤ Liu, B. & Perry, J. L. The psychological mechanisms of public service motivation: a two-wave examination [J]. *Review of Public Personnel Administration*, 2016, 36(1): 4 – 30.

⑥ 包元杰,李超平. 公共服务动机的测量:理论结构与量表修订[J]. 中国人力资源开发,2016(7): 83 – 91.

表 10-1　公共服务动机测量量表

维度	题项
公共参与吸引（APS）	有意义的公益活动对我很重要。
	对我而言，为社会公益做贡献很重要。
公共价值承诺（CPV）	我认为，公民机会均等很重要。
	公务员的行为一定要符合伦理规则。
同情心（COM）	当看到他人遇到困难时，我会很难受。
	当看到他人遭到不公正对待时，我会很气愤。
自我牺牲（SS）	我愿意为社会公益付出个人努力。
	我愿意为了社会公益而牺牲自身的利益。

第四节　关联：公共服务动机的相关因素

公共服务动机的作用和影响机制是研究者关心的重要议题。由于国内外对于公共服务动机与各种相关因素关系的研究可谓浩如烟海，故此处并不一一列举。本节将从前因变量、结果变量、中介/调节变量三方面，简要展示部分有关公共服务动机的研究，以期增进读者对公共服务动机的认识。

一、前因变量

从个体特征看，人口统计学变量是对公共服务动机水平影响较多的因素。元分析结果显示，性别、年龄、教育程度、组织任期、工作任期、职位等级、收入等，与公共服务动机之间均存在显著的相关关系。[1] 从工作特征看，工作重要性、工作专业化程度等一系列与工作本身相关的要素会对公共服务动机水平产生积极影响。[2] 我国学者研究也表明绩效评价目标对公共服

---

[1] 胥彦,李超平. 人口统计学特征对公共服务动机有什么影响？来自元分析的证据[J]. 心理科学进展,2020,28(10):1631-1649.

[2] Kim, T., Henderson, A. C. & Eom, T. H. At the front line: Examining the effects of perceived job significance, employee commitment, and job involvement on public service motivation [J]. International Review of Administrative Sciences, 2015,81(4):713-733.

务动机有显著正向影响。① 从组织因素来看,讨论得较多的是领导风格,如公仆式领导②、服务型领导③都会影响公共服务动机。还有研究表明,经济发展水平对我国乡村干部的公共服务动机有影响。④

二、结果变量

公共服务动机研究的结果变量中,工作满意度和工作绩效的影响最受学者关注。多数研究表明,公共服务动机正向影响工作满意度⑤,也正向促进工作绩效⑥。此外,员工的公共服务动机对工作投入、建言行为、创新行为、知识分享、职业幸福感和组织公民行为等都具有显著的正向影响,而对工作倦怠和不作为具有显著的负向影响。⑦

三、中介/调节变量

公共服务动机也可能作为中介变量或调节变量而被学者纳入研究。例如,公共服务动机作为中介变量时,它可以在职业认同对工作投入⑧、组织承诺对工作投入⑨、心理定力对职业倦怠⑩等过程中发挥中介作用。公共服

---

① 孟凡蓉,张玲.绩效评价目标设置与公共服务动机:心理需求满意感的中介效应[J].情报杂志,2011,30(9):202-207.
② 柯江林,闫晓岑,蒋一凡.公仆式领导对公务员下属服务动机的双元激发路径:职场精神力与LMX中介视角[J].中国行政管理,2020(3):92-100.
③ 唐健,方振邦.服务型领导对公务员创新行为的影响机制[J].上海交通大学学报(哲学社会科学版),2020,28(2):88-98.
④ 王亚华,舒全峰.中国乡村干部的公共服务动机:定量测度与影响因素[J].管理世界,2018,34(2):93-102,187-188.
⑤ 朱春奎,吴辰.公共服务动机对工作满意度的影响研究[J].公共行政评论,2012,5(1):83-104,180-181.
⑥ 余慧阳,祝军.共青团干部公共服务动机研究——以北京市专职团干部为例[J].中国青年政治学院学报,2014,33(4):24-28.
⑦ 陈鼎祥.我国公共服务动机的研究综述与展望[J].管理现代化,2020,40(2):123-125.
⑧ 陈文春,张义明,陈桂生.从职业认同到工作投入:公共服务动机的中介作用与自我效能感的调节作用[J].中国人力资源开发,2018,35(2):118-128.
⑨ 方俊,喻帅,吴玉洁,等.组织承诺对公务员工作投入的影响:以公共服务动机为中介变量——基于X市某区级政府的实证研究[J].华南理工大学学报(社会科学版),2020,22(2):112-123.
⑩ 陈新明,萧鸣政.基层公务员职业发展倦怠问题新探索——基于心理定力视角的实证研究[J].中共中央党校(国家行政学院)学报,2020,24(3):84-91.

动机作为调节变量,发挥情境变量的作用①,会调节目标清晰度对工作绩效的影响②,以及服务型领导与公务员责任知觉、服务热情的关系③。总体来看,将公共服务动机作为中介和调节变量的研究相对较少,数量不及将公共服务动机作为前因或结果变量的研究。④

第五节 评述:公共服务动机研究的评价与展望

公共服务动机为分析公共服务部门雇员行为提供了一个新视角,有助于我们认识官僚行为,也为如何提升公共服务部门雇员的工作表现、促进公共服务部门的绩效提供了思路。"他山之石,可以攻玉。"在我国政府职能转变、公务员制度改革的背景下,深入研究公共服务动机可为中国公共管理实践提供参考。不过,经过几十年发展,西方国家和我国国内对公共服务动机的研究已相对成熟,如何推进公共服务动机研究进一步深化? 笔者认为,可行的方向有以下五点。

第一,扩大公共服务动机的研究对象和视角范围。公共服务动机并不只存在于公共服务部门中,对公共服务动机的研究不应局限在公共服务部门尤其是政府部门,可增加对其他部门雇员的公共服务动机研究,同时对"影子政府"等新形态也应关注。在理论框架上,探索公共服务动机与其他理论的比较和整合研究,如国外学者尝试将公共服务动机与动机理论中著名的自我决定理论整合分析⑤,未来学界可进一步探索该思路。在研究方法上,当前有关公共服务动机的实证研究多采用截面数据,未来可增加动态研

---

① 陈鼎祥,刘帮成.公益组织员工离职倾向的心理机制研究[J].管理学刊,2019,32(4):41-51.

② 葛蕾蕾,杨帆.目标清晰度对公务员工作绩效影响的实证研究[J].领导科学,2019(20):87-90.

③ 张宗贺,刘帮成.服务型领导激发公务员服务热情的过程机制——一个调节-中介模型的构建与检验[J].大连理工大学学报(社会科学版),2020,41(1):68-75.

④ 刘帮成.中国场景下的公共服务动机研究:一个系统文献综述[J].公共管理与政策评论,2019,8(5):3-17.

⑤ Andrews, C. Integrating public service motivation and self-determination theory: A framework[J]. The International Journal of Public Sector Management, 2016,29(3):238-254.

究设计,以考察公共服务动机的时移变化。

第二,关注公共服务动机"阴暗面"(dark side)的研究。国外已有学者关注到公共服务动机可能存在的负面影响,如造成更高的压力和倦怠[1]、与现状主义和缺勤率相关[2]等。我国学者关注的仍是公共服务动机的积极影响,尚未对公共服务动机的"阴暗面"展开研究,未来应进一步探讨公共服务动机的"阴暗面",以充分了解公共服务动机的作用机制,扬长避短。

第三,探讨公共服务动机模型的层次问题。先前理论界探讨的均是个体层面的公共服务动机,但 Shim 和 Park 提出个体层面的公共服务动机可以集聚成为集体层面的公共服务动机。[3] 自此以后,理论界开始争论是否存在双层公共服务动机模型。如果存在集体层面的公共服务动机,那么它对个体层面公共服务动机的影响过程还需要深入剖析,这可以为公共服务动机的起源与繁衍问题提供新的视角。

第四,公共服务动机发挥作用的情境问题。随着公共服务动机对个体行为的影响得到广泛验证,理论界开始探索公共服务动机发挥作用的边界条件。多数学者指出金钱奖励会挤出公共服务动机,象征性的报酬则不会有挤出效应。但这些研究主要探讨的是薪酬对公共服务动机挤出效应的影响,较少地考虑到其他因素的影响。例如,在电子化时代的今天,个体的每一个活动几乎都会被电子设备跟踪和监督。电子监控会侵犯员工隐私或降低员工的工作自主性,这可能会影响个体的动机。当前还没有专门探讨电子监控如何影响公共服务动机作用发挥的研究,但它值得关注,可为公共服务动机发挥作用的边界条件研究提供新的视角。

第五,加强公共服务动机的中国语境研究,用具有中国特色的学术话语建构中国的公共服务动机体系。例如学者苗青提出的中国场景下公共服务

---

[1] Giauque, D., Anderfuhren-Biget, S. & Varone, F. Stress perception in public organisations: Expanding the job demands—job resources model by including public service motivation [J]. *Review of Public Personnel Administration*, 2013,33(1):58 – 83.

[2] Jensen, U. T., Andersen, L. B. & Holten, A. Explaining a dark side: Public service motivation, presenteeism, and absenteeism [J]. *Review of Public Personnel Administration*, 2019,39(4):487 – 510.

[3] Shim, D. C. & Park, H. H. Public service motivation in a work group: Role of ethical climate and servant leadership [J]. *Public Personnel Management*, 2019,48(2):203 – 225.

动机新框架和新议程便是一种探索。① 目前国内研究仍然偏重对公共服务动机的验证性研究，但不能认为只要把西方的理论和中国的数据二者相结合就实现了理论的本土化、自主化。这种表面的自主化仍处于初级阶段，真正的自主化还在于能够在本土语境下进行原创性探索与理论建构。

---

① 苗青.公共服务动机理论的中国场景：新框架和新议程[J].公共管理与政策评论,2019,8(5):18-22.

第十一章 技术接受模型

随着当今信息技术的发展,许多企事业单位都引入了信息系统以提高工作效率。但往往事与愿违,很多组织投入了巨额成本,回报却不及预期,陷入"信息生产率悖论"。要想解决此问题,必须从用户角度思考,寻找让用户愿意接受信息系统使用的方法。

通过理论和实证研究,学者们提出了一系列模型以解释用户对信息技术的采纳行为。早期,研究多基于理性行为理论(Theory of Reasoned Action,TRA)和计划行为理论(Theory of Planned Behavior,TPB)。1986年,Davis在其博士论文中首次提出技术接受模型(Technology Acceptance Model,TAM),如今被学者们广泛引用的是其1989年发表的研究成果。TAM模型影响深远,被广泛运用于信息系统研究领域。后来的学者在TAM模型基础上继续深入,不断完善该模型,最具有代表性的当属学者Venkatesh提出的整合型技术接受模型(Unified Theory of Acceptance and Use of Technology,UTAUT),这也是当前研究使用的主流技术接受模型。

总的来讲,对信息系统用户采纳行为的研究大致沿着"TRA→TAM→UTAUT"的脉络演进;同时,还存在着任务—技术匹配模型①(Task—Technology Fit,TTF)、创新扩散理论(Innovation Diffusion Theory,IDT)、信息系统期望确认模型(Expectation Confirmation Model-Information System,ECM-IS)、信息系统成功模型(Delone & McLean Model,D&M)等理论相辅相成。本章将以技术接受模型理论发展历程为主线,结合若干拓展理论,着重介绍TAM和UTAUT模型。

---

① Goodhue, D. L. & Thompson, R. L. Task-technology fit and individual performance[J]. *MIS Quarterly*, 1995,19(2):213-236.

第一节　TRA & TPB：技术接受模型的理论溯源

Fishbein 和 Ajzen 在 1975 年提出理性行为理论(TRA)。[①] TRA 认为，人能理性思考和行动，按照"信念→态度→意愿→行为"的逻辑，人的行为由行为意愿决定，而意愿取决于行为态度和主观规范(图 11-1)。行为态度由行为信念与结果评估决定，个体过去对某项行为的积极或消极评价会影响行为意愿。主观规范是指来自社会环境的影响，比如家人、朋友、同事的看法等。

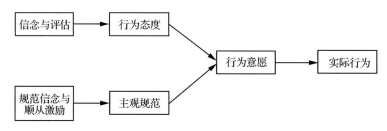

图 11-1　TRA 理论

TRA 最大的缺陷在于，当非理性、不可控因素不可避免地出现时，模型的解释力将下降。因此，Ajzen 提出了计划行为理论(TPB)。TPB 包括三个主要变量——行为态度、主观规范、感知行为控制。感知行为控制是指个人在表现特定行为时感觉到的难易程度，加入模型后将行为由理性控制扩展到非理性控制(图 11-2)。在 TPB 中，个人因素(行为信念、对特定行为的态度)、社会因素(规范信念、主观规范)、动机因素(控制信念、感知行为控制)三者共同影响行为意愿进而影响行为。[②]

---

①　Fishbein, M. A. & Ajzen, I. *Belief, Attitude, Intention and Behaviour：An Introduction to Theory and Research* [M]. Reading, MA：Addison-Wesley, 1975.

②　Ajzen, I. The theory of planned behavior [J]. *Organizational Behavior and Human Decision Processes*, 1991, 50(2)：179–211.

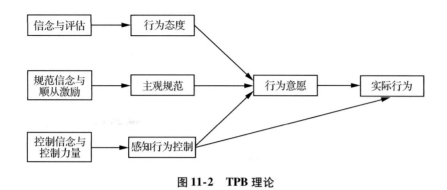

图 11-2　TPB 理论

第二节　发轫:技术接受模型的提出

从 TRA 或 TPB 中,我们可以提炼出最重要的理论内核:(1)个体的实际行为受到行为意愿(Behavioural Intention,BI)的影响;(2)个体的行为意愿由行为态度(Attitude,AT)和主观规范(Subjective Norm,SN)决定。Davis 以 TRA 为基础,提出了技术接受模型(TAM)。[1] TAM 舍弃了 TRA 中的主观规范、规范信念及顺从激励等构念,认为决定用户实际使用行为的是行为意愿(BI),而对行为意愿起决定作用的是行为态度(AT),而行为态度是信念的因变量。对于 TRA 中的信念,Davis 提出了感知有用性(Perceived usefulness)和感知易用性(Perceived Ease of Use)两个新构念。Vavis 借鉴了 Schultz 和 Slevin 的期望理论模型中的感知绩效(perceived use-performance)因子,将感知有用性定义为一个人相信使用特定系统会提高其工作绩效的程度。同时,Davis 吸收了 Bandura 的自我效能理论[2],将感知易用性定义为一个人认为使用一个特定的系统不费力的程度。在 TAM 中,系统的设计特征作为外部变量,是决定用户是否采纳信息系统的初始因素,也是感知有用

---

[1] Davis, F. D. Perceived usefulness, perceived ease of use, and user acceptance of information technology [J]. Mis Quarterly, 1989,13(3):319 – 340.

[2] Bandura, A. Self-efficacy:Toward a unifying theory of behavioral change [J]. Psychological review, 1977,84(2):191 – 215.

性和感知易用性的决定因素。感知有用性和感知易用性二者正向影响用户对信息系统的使用态度,进而影响使用意愿。

此后,Davis 本人对 TAM 做了一些修改。1993 年,Davis 在该研究模型中删除了使用意愿,而认为态度可以决定实际使用行为。[①] 1996 年,Davis 又对 TAM 做了有别于 1993 年的修改,删除了使用态度而保留了使用意愿(图 11-3)。[②] 由于不同版本的存在,学者们在文章中的引用介绍也略有不同。但不论何种版本,感知有用性和感知易用性始终是 TAM 的核心,外部变量通过感知有用性和感知易用性影响用户使用行为的作用机制始终保持不变。

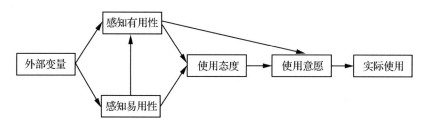

图 11-3　TAM 模型结构图

第三节　TAM2:技术接受模型的拓展

虽然技术接受模型简洁且解释力强,但是技术接受模型一个明显的不足之处在于外部变量的模糊性。Davis 所提的外部变量(如系统特征)过于笼统,有待进一步研究。因此,在后续的研究中,包括 Davis 在内的许多学者尝试在技术接受模型中加入变量,以增强技术接受模型的解释力。在此,本节介绍 Davis 参与修改的模型 TAM2。

---

① Davis, F. D. User acceptance of information technology: System characteristics, user perceptions and behavioral impacts [J]. International Journal of Man-Machine Studies, 1993, 38(3):475 – 487.

② Davis, F. D., Venkatesh, V. A critical assessment of potential measurement biases in the technology acceptance model: Three experiments [J]. International Journal of Human—Computer Studies, 1996, 45(1):19 – 45.

2000 年,Venkatesh 与 Davis 提出了加入变量的技术接受模型 TAM2。① TAM2 整合了社会影响过程(social influence processes)和认知工具过程(cognitive instrumental processes),形成如图 11-4 所示的模型。

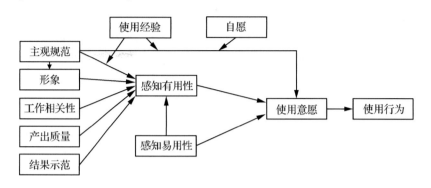

图 11-4　TAM2 模型结构图

在社会影响过程中,TAM2 反映了三种相互关联的社会力量对面临接受或拒绝新系统机会的个人的影响:主观规范、自愿和形象。主观规范本就是 TAM 基础来源的 TRA/TPB 理论中的重要部分,指对个体来说最重要的人认为他应该或不应该执行所讨论的行为。首先,如果个体相信一个或多个重要的参照对象认为他应该这样做,即使自己不喜欢这种行为及其后果,个体也会实施该行为意愿。经验研究表明,主观规范在强制性环境中对意图有显著影响,但在自愿性环境中没有,这称为"顺从机制"(compliance)。由于这种顺从机制的存在,模型中将自愿作为一个调节变量。其次,主观规范通过感知有用性间接影响意图,这一过程被称为内化机制(internalization),即如果上级或同事建议某个特定的系统可能是有用的,个体可能会相信该系统实际上是有用的,并形成使用该系统的意图。最后,形象代表着"认同机制"(identification),即通过执行与群体规范一致的行为可以提升个体的形象,因此实施该行为将间接由于形象的提升而导致个体的工作绩效(感知有用性)的提高。此外,考虑到时间的推移、压力的变化,TAM2 以使用经验为调节变量。

在认知工具过程中,TAM2 结合行动理论、工作动机理论、行为决策理

---

① Venkatesh, V. & Davis, F. D. A theoretical extension of the technology acceptance model: Four longitudinal field studies [J]. Mangement Science, 2000,46(2):186 – 204.

论等,提出四个决定因素:工作相关性、产出质量、结果示范和感知易用性。工作相关性(即个人对目标系统)适用于其工作程度的感知,作为一种认知判断,它对感知有用性产生直接影响。产出质量的影响在于,面对多个相关系统的选择时,个体倾向于选择产出质量最高的系统。结果示范是指结果的有用性,如果工作绩效的提高归因于个体对系统的使用,个体可以对系统的有用性形成更积极的看法。此外,TAM2保留了TAM的感知易用性,并将其作为感知有用性的直接决定因素。

总体来看,TAM排除了TRA中较难把握的社会因素的影响,其他因素虽然易于操作,但是收集到的信息非常有限。由于TAM2将社会影响过程与认知工具过程的影响纳入其中,因而理论上TAM2更完善[1],解释力也更强[2]。在实际应用中,学者们的研究多以TAM为基础,整合其他框架或加入自己的想法,大多体现为寻找新的外部变量,因此,虽然TAM2在理论上更进一步,但TAM反而更为常用。

第四节　UTAUT:整合型技术接受模型的创建

TAM模型为解释用户信息系统采纳行为提供了一个基本框架,自TAM模型问世之后,大量学者不断探讨影响外部变量的因素。TAM2的构建虽然富有吸引力,但仍没有克服TAM的局限性。随着该领域相关研究的蓬勃发展,针对不同领域所提出来的变量也越来越多,Venkatesh等对相关研究进行了系统的整理研究后发现,学者们使用的变量各具特色,对各领域也有解释力,于是Venkatesh整合各类变量并提出了整合型技术接受模型(UTAUT)。[3] Venkatesh提出UTAUT模型,是通过对八个理论模型的回顾与整合,分别是TRA、TPB、TAM、动机模型(Motivational Model,MM)、技术接

---

[1] 高芙蓉,高雪莲.国外信息技术接受模型研究述评[J].研究与发展管理,2011,23(2):95 - 105.

[2] 孙建军,成颖,柯青.TAM模型研究进展——模型演化[J].情报科学,2007(8):1121 - 1127.

[3] Venkatesh, V., et al. User acceptance of information technology: Toward a unified view [J]. *Mis Quarterly*, 2003,27(3):425 - 478.

受与计划行为整合理论(Combined TAM and TPB, C-TAM-TPB)、PC 使用模型(Model of PC Utilization, MPCU)、创新扩散理论(Innovation Diffusion Theory, IDT)、社会认知理论(Social Cognitive Theory, SCT)。其中,TRA、TPB、TAM 已在前文介绍过。

动机模型是心理学对个体行为的解释。动机是个体在受到内外部环境因素刺激后而发生的一种心理过程,当过程累积到一定程度,个体便会发生实际行为。动机分为外部动机和内部动机。如果刺激来源于个人或工作本身,比如个人兴趣,则称为内部动机;若刺激来源于个人或工作之外,比如金钱、晋升,则称为外部动机。

PC 使用模型由 Triandis 提出[1],与 TRA 一样,Triandis 认为行为是由态度、主观规范和行为期望后果决定的。Thompson 等将 PC 使用模型用于预测新技术使用行为,提出了六个主要变量:工作适配、复杂性、长期结果、影响使用、社会因素、便利条件。[2] 工作适配是指个人认为运用技术可以提高工作绩效的程度。复杂性是指个体对新技术理解和运用的难度。长期结果是指技术在未来的回报和结果。影响使用是指实施使用行为时产生的快乐、沮丧等特定感觉。社会因素是指个体内化群体规范并形成特定的社会认同程度。便利条件是指促成使用行为的客观因素。

创新扩散理论最早由 Rogers 在 1962 年提出,此后又多次修正。该理论认为创新的扩散是一个过程,由知识产生阶段、说服产生阶段、决策阶段、实现阶段、确认阶段五个阶段组成,这一过程受到五个创新特质的影响。第一,相对优势,即某项创新相对于替代的原有事物的优点。第二,兼容性,即创新与现有的价值观、经验、潜在用户需求相一致的程度。第三,复杂性,即创新被采纳者认为难以理解和使用的程度。第四,可试用性,即是否可以通过试用测试创新效果。第五,可观察性,即创新本身或创新采用后的结果可被其他人观察到的程度。[3] Moore 和 Benbasat 以 Rogers 的创新扩散理论为基础进行深入研究,提出了八个创新特性。其中的相对优势、兼容性、可试用性、易用性和 Rogers 的相对优势、兼容性、可试用性和复杂性是一致的。

---

[1] Triandis, H. C. *Interpersonal Behavior* [M]. CA: Brooke/Cole, 1977.
[2] Thompson, R. L., Higgins, C. A. & Howell, J. M. Personal computing: Toward a conceptual model of utilization [J]. *Mis Quarterly*, 1991, 15(1): 125–143.
[3] Rogers, E. M. *Diffusion of Innovations* [M]. New York: Free Press, 2003.

在可观察性方面,则进一步分为结果展示、可视性、形象性、自愿性。①

社会认知理论由 Bandura 提出,用环境(E)、个人(P)、行为(B)三者的交互作用来说明个人的行为。② 环境因素是指社会规范、准则和同级鼓励。个人变量则包含了个人的感觉、动力、意向行动等。个人通过自己的行为创造出环境条件,而环境条件又以交互作用的方式影响人的行为,环境、个人、行为这三个变量两两之间均会产生影响力。此外,自我效能与社会认知理论也有密切的联系。③

不难看出,上述理论框架之间既存在差异之处,也在许多方面体现出了一致性或相似看法。Venkatesh 把这些理论整合成四个主要方面,分别是绩效期望(Performance Expectancy,PE)、努力期望(Effort Expectancy,EE)、社会影响(Social Influence,SI)、便利条件(Facilitating Conditions,FC)。另外还加入了四个调节变量,分别是性别(Gender)、年龄(Age)、经验(Experience)、自愿(Voluntariness of Use)。整合型技术接受模型(UTAUT)变量与其他模型变量之间的关系见表 11-1。

表 11-1 UTAUT 变量概况

核心构念	包含其他模型中的变量
绩效期望	感知有用性(TAM)、外在动机(MM)、工作适配(MPCU)、相对优势(IDT)、成果期望(SCT)
努力期望	感知易用性(TAM)、复杂性(MPCU)、易用性(IDT)
社会影响	主观规范(TRA/TPB)、社会因素(MPCU)、形象性(IDT)
便利条件	感知行为控制(TPB)、便利条件(MPCU)、兼容性(IDT)

绩效期望是指个体认为使用该系统将有助于测量其在工作中获得收益的程度,其中包含了五个变量:感知有用性(Perceived Usefulness)、外在动机(Extrinsic Motivation)、工作适配(Job-Fit)、相对优势(Relative Advantage)、成果期望(Outcome Expectations)。经验研究显示,追求绩效的男性和年轻群体比其他人更重视获得期望绩效。努力期望指的是系统使用的容易程

---

① Moore, G. C. & Benbasat, I. Development of an instrument to measure the perceptions of adopting an information technology innovation [J]. *Information Systems Research*, 1991, 2(3):192-222.

② Bandura, A. *Social Foundations of Thought and Action: A Social Cognitive Theory* [M]. Upper Saddle River: Prentice Hall, 1986.

③ Compeau, D. R. & Higgins, C. A. Computer self-efficacy: Development of a measure and initial test [J]. *Mis Quarterly*, 1995, 19(2):189-211.

度,包括感知易用性(Perceived Ease of Use)、复杂性(Complexity)、易用性(Ease of Use)。这些变量受年龄和性别的影响,一般来说,对女性或年龄较大者的影响较为显著,但该情况会随着经验累积而改变。社会影响指的是使用者感觉到他人认为其是否应该使用新系统的程度,包含了主观规范(Subjective Norm)、社会因素(Social Factors)、形象性(Image)。社会影响与使用意愿间的关系受性别、年龄、经验、自愿性等因素的影响,但该影响会随着经验的增加而减少。便利条件是指个人认为存在支持系统使用组织和技术基础设施的程度,包含感知行为控制(Perceived Behaviour Control)、便利条件(Facilitating Conditions)、兼容性(Compatibility)。对该变量产生影响的因素主要是使用者的年龄和经验。

性别、年龄、经验和自愿性这四个变量作为调节变量,过去已有许多研究指出这些变量对结果的影响。在整合技术接受模型(UTAUT)中,Venkatesh又进一步发现了更复杂的情况。当这些控制变量有了复合作用(Complex Interaction)后,调节变量对结果的影响会更为显著。表11-2展示了整合技术接受模型中调节变量的影响结果。

表11-2 UTAUT调节变量影响结果

因变量	自变量	调节变量	群体解释说明
行为意向	绩效期望	性别、年龄	对男性和年轻作用更强
行为意向	努力期望	性别、年龄、使用经验	对女性、年龄较大者和有限使用经验的人作用更强
行为意向	社会影响	性别、年龄、自愿性、使用经验	对女性、年龄较大者、强制使用者和有限使用经验的人作用更强
行为意向	便利条件	—	因为努力期望的影响而不显著
使用行为	便利条件	性别、使用经验	对年龄较大者和使用经验久的人作用更强
使用行为	使用意愿	—	直接影响

最终,Venkatesh提出的整合型技术接受模型(UTAUT)如图11-5所示。概而言之,绩效期望、努力期望、社会影响、便利条件四个变量通过影响行为意向,进而影响用户的使用行为,年龄、性别、经验、自愿性会不同程度调节这一过程。

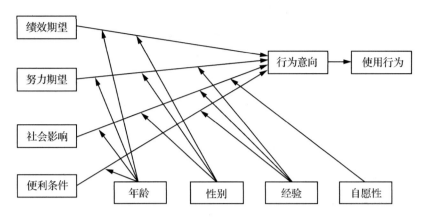

图 11-5　UTAUT 模型结构图

整合型技术接受模型的提出是信息系统用户采纳行为研究领域一个新的里程碑,相比于 TAM 或其他理论框架而言,其最大的优点在于该模型强大的解释力。当然,整合型技术接受模型也受到了一些批评。有学者认为整合技术接受模型强大的解释力在调节变量存在时才存在,但这些调节变量导致模型不够简洁;还有学者认为该模型中变量的模糊性会导致其测量上的困惑。总的来看,整合型技术接受模型能成为当前研究基础的主流理论,已经充分说明了其价值和人们对其认可度。

第五节　瞻望:技术接受模型的应用与发展

本章介绍的 TAM 和 UTAUT 是用户接受行为研究中的最经典并获得最广泛使用的两个理论模型。时至今日,学者们仍在不断尝试探索,以丰富模型、提高模型解释力。未来的研究方向主要体现为以下两种。其一是进一步寻找变量间的关系。例如,有学者在 UTAUT 基础上进一步发展出

UMEGA 模型①,未来或许具有广阔的发展前景②。其二是模型整合,如 TAM 与 ECM-IS 的整合③、UTAUT 与信任理论的整合④等。在公共管理研究领域,未来的研究应进一步探讨影响用户使用行为的可能因素,并且努力形成整合模型以避免研究的碎片化局限,从而进一步打开用户行为机制的"黑箱"。

  对于用户采纳行为的研究,可以帮助我们理解创新产品的推广问题,也可以帮助我们理解个体接受行为背后的原理。尽管此处介绍的模型来自信息系统领域,但其理论原理和研究成果可用于电子商务、电子政务、在线教育、媒体传播等各类情境,未来的学术潜力与研究前景有待进一步发掘。

---

① Dwivedi, Y. K., et al. An empirical validation of a unified model of electronic government adoption (UMEGA)[J]. *Government Information Quarterly*, 2017, 34(2):211-230.
② 李洁,郭雨晖,韩啸."互联网+政务服务"何以提升公众采纳行为?——一项整合模型研究[J].电子政务,2019(8):103-116.
③ 张海,姚瑞红. ECM-IS 视角下移动政务 APP 用户持续使用意愿影响因素研究[J].重庆邮电大学学报(社会科学版),2020,32(1):92-101.
④ 汤志伟,赵迪,罗伊晗.公共危机事件中政务短视频公众使用的实证研究——基于新冠肺炎疫情[J].电子政务,2020(8):2-14.

公共管理研究基础理论:阐释与应用

后　记

　　本书是笔者在指导研究生学习的过程中形成的个人经验的呈现。在指导研究生撰写论文的过程中,经常会有学生问,研究的理论(方法)基础应当如何选择？研究的理论(方法)创新应当如何归纳？久而久之,笔者在解决令他们头痛的问题之余,考虑到应当给学生撰写两本分别专门介绍公共管理理论和方法的教材。本书是专门用来给学生讲解公共管理理论的。由于时间和精力有限,本书只选择了十一个理论,期望后期能在此基础上加入更多的中、微观理论。笔者正在编撰,希望也能早日付梓。

　　本书的出版得到了苏州大学江苏高校优秀创新团队建设项目"地方政府与社会治理"(项目编号:NH33710921)的支持,在此表示感谢。感谢苏州大学出版社的周建国编辑,他在出版工作中表现出的高效、专业和热情令人感动。同时,要感谢我的研究生张逸陶、杨肖、王一博、蒋晓琼、金泽琪、熊洁等同学,他们为本书的写作和出版做了大量的基础工作,祝愿他们学业进步！

　　收笔之际,想起朱夫子的诗:问渠那得清如许？为有源头活水来。希望此书能够为读者奉上取之不竭、用之不尽的活水,成为读者的理论源泉。